Maria Roßner
Anne-Kathrin Braun
(Hrsg.)

Keine Kinder?!

Keine Kinder?!

Ungewollt kinderlos - Erfahrungen und Denkanstöße

1. Auflage 2012
Gesamtherstellung: Lichtzeichen Verlag, Lage

ISBN: 978-3-86954-059-7
Bestell-Nr.: 548059

Inhalt

Vorwort

Elisabeth Mittelstädt

Ich wünschte, dieses Buch wäre vor 20 Jahren erschienen, als ich mit Kinderlosigkeit gekämpft habe! Endlich wurde ich schwanger. Meine Gedanken kreisten um das Kind, und ich spürte eine wachsende Liebe zu meinem Baby. Mein ganzer Körper und meine Gefühle bereiteten sich darauf vor, diesen kleinen Menschen willkommen zu heißen und zu nähren. Doch plötzlich war das Kind weg. Psychisch, gedanklich, emotional und geistlich wusste ich kaum, wie ich diesen schroffen Umbruch verkraften sollte.

Eine Fehlgeburt gleicht einem üblen Streich, den einem der Körper spielt. Es werden Hoffnungen geweckt, die sich zu höchsten Höhen aufschwingen, um dann im tiefsten Abgrund zu zerschellen.

Als mein Kind in die Ewigkeit ging, bevor ich es im Arm halten konnte, wusste ich nicht, wohin mit meinem Schmerz und meiner Enttäuschung. Wie hilfreich wäre da ein Buch wie dieses gewesen, um zu erfahren, wie andere Frauen damit umgehen!

Gott erschuf uns Frauen mit dem tiefen, angeborenen Wunsch, Leben zu geben und zu nähren. Ich war da keine Ausnahme. Und ich fühlte diese starke Sehnsucht immer in mir aufsteigen, wenn ich Mütter mit ihren kleinen Kindern sah – besonders in der Weihnachtszeit und am Muttertag.

Monate, Jahre vergingen und ich war überzeugt: Nur ein Kind kann diese Muttersehnsucht stillen. Doch eines Tages wurde mir beim Beten plötzlich bewusst, dass ich mein Leben an mir vorüberziehen ließ. Ich vergeudete meine Energie damit, zu glauben, dass nur ein Kind diese Sehnsucht in mir stillen könne. Als ich begann, von meinem Schmerz wegzublicken, erkannte ich: Gott kann all meine Erfahrungen – auch die schmerzlichen – für seine höheren Absichten gebrauchen. Bis heute weiß ich nicht, warum Gott dieses Gute zurückgehalten hat. Aber bestimmt gab es einen guten Grund.

Ich wünsche Ihnen, dass Sie beim Lesen dieses Buches erkennen: Sie brauchen Ihr Leben nicht nach dem zu beurteilen, was Sie nicht haben. Schauen Sie auf das, was Sie haben, und freuen Sie sich daran.

Elisabeth Mittelstädt ist Buchautorin und Herausgeberin der Zeitschrift LYDIA sowie mehrerer Bücher.

Teil I

Vorweg gesagt …

Hannahs Schwestern - wie alles begann

Maria Roßner

Anne-Kathrin Braun und ich, wir kennen uns seit ungefähr fünfzehn Jahren. Zuerst kamen wir durch unsere ehrenamtliche Arbeit in der Kirchgemeinde ins Gespräch, und bald auch über unsere Kinderlosigkeit. Es tat uns gut, zu zweit über unsere Sehnsucht nach einem Kind, unsere Fragen nach dem Warum und unseren Erfahrungen mit Gott zu reden. Ich bin einige Jahre älter als Anne und hatte zur Zeit unseres Kennenlernens die intensiven Tiefen der Auseinandersetzung mit meiner Kinderlosigkeit bereits hinter mir. Ich erlebte dabei einen Gott, der mich hindurchführte und mir neue Wege trotz meiner Kinderlosigkeit zeigte. Diese Erlebnisse gab ich an Anne weiter. Dabei spürten wir eine schwesterliche Gemeinschaft, die uns beide ermutigte. Wir konnten beten, fühlten uns dabei gestärkt und als Kinderlose nicht allein.

Unabhängig voneinander meldeten wir uns 2005 für ein theologisches Fernstudium an. Unsere Entscheidung für das Studienangebot zur Vorbereitung auf den Dienst als Prädikantin führte Anne und mich noch ein Stück näher zusammen. Während eines Seminarwochenendes unterhielten wir uns wieder einmal über das Problem der Kinderlosigkeit und fanden, dass es für ungewollt Kinderlose keine öffentliche christliche Begegnungsmöglichkeit gibt. Für Familien gibt es verschiedene Vereine, für Mütter z. B. die Bewegung *Mütter in Kontakt*, aber für uns? Vielleicht sehnen sich ja auch andere kinderlose Frauen und ihre Ehemänner nach einem Austausch? Diese Frage beschäftigte uns. Und so reifte in uns der Entschluss, dass wir an die Öffentlichkeit gehen wollen. Und dann wurde eine Idee nach der anderen geboren. Anne hatte den Vorschlag mit der Internetseite, ich den Gedanken der „Schwestern", Anne fand dazu die Hannahs aus der Bibel.

Unsere Internetseite www.hannahsschwestern.de wurde im Juni 2007 ins Leben gerufen. Seitdem ergänzen wir uns mit unseren Begabungen.

Inzwischen verteilen sich die Aufgaben auf mehrere Mitarbeiterinnen. Sie sind zu bestimmten Zeiten im Chat, betreuen das Forum, bieten seelsorgerliche Begleitung an, schreiben Andachten, gestalten regionale Treffen und Wochenendfreizeiten, helfen beim Versand von Rundbriefen oder bei der Öffentlichkeitsarbeit.

Unsere Arbeit für Hannahs Schwestern erleben wir als sehr gesegnet. Besonders dankbar sind wir, dass im September 2010 eine Frau durch unsere Internetseite zu Jesus gefunden hat.

Wir sind gespannt auf die weiteren Wege, die Gott mit uns gehen möchte.

Foto: fotolia.com

Hannahs Schwestern –
Mit Gottes Hilfe ohne Kinder leben

Grundsatzerklärung

> *Gelobt sei Gott, der Vater unseres Herrn Jesus Christus, der Vater der Barmherzigkeit und Gott allen Trostes, der uns tröstet in aller unserer Trübsal, damit wir auch trösten können, die in allerlei Trübsal sind, mit dem Trost, mit dem wir selber getröstet werden von Gott. (2. Kor. 1,3-4)*

Hannahs Schwestern sind Frauen (und deren Ehemänner), denen die bewusste Auseinandersetzung mit ungewollter Kinderlosigkeit aus persönlicher Betroffenheit ein Anliegen ist. Wir sind Christen aus verschiedenen Gemeinden in Deutschland, Österreich und der Schweiz. Als Grundlage unseres Glaubens erkennen wir die Glaubensbasis der Evangelischen Allianz von 1846 an.

Wir sind Frauen, die nie schwanger waren oder alle ihre Kinder während der Schwangerschaft verloren haben. Wir befinden uns entweder noch in der Phase der Abklärung, Entscheidungsfindung und Trauerarbeit, oder wir haben bereits gelernt, mit Gottes Hilfe auch ohne eigene Kinder zu leben. Wir setzen uns kritisch mit den Möglichkeiten der Reproduktionsmedizin auseinander.

Was uns verbindet, ist nicht nur die ungewollte Kinderlosigkeit, sondern auch unser Glaube an den Gott, den wir in der Heiligen Schrift, der Bibel, kennen lernen. Wir alle sehnen uns nach einem Kind und gehen mit dieser Sehnsucht immer wieder zu Gott, der uns wunderbar geschaffen hat. Wir wissen, dass die Erfüllung dieses Kinderwunsches letztlich in Gottes Hand liegt.

Für unser Leben und unseren Glauben sind uns u. a. die beiden Hannahs aus der Bibel Vorbild:

- Hannah, die Mutter Samuels, die lange keine Kinder hatte, und schließlich zu Gott ging und ihm ihr Herz ausschüttete und

- Hannah, die Prophetin, die nur sieben Jahre verheiratet war, und lange Zeit später das Kind Jesus auf dem Arm halten durfte. In den 47 Jahren ihrer Witwenschaft war sie dazu gekommen, viel Zeit mit Gott zu verbringen.

Folgende Fragen beschäftigen uns:

Wie gehe ich mit der Situation Kinderlosigkeit um?
Welche medizinischen Schritte kann ich als Christ verantworten?
Was sagt Gott dazu?
Bin ich nicht gesegnet, weil ich keine Kinder habe?
Will Gott mich bestrafen – bin ich deshalb unfruchtbar?
Was ist Gottes Wille für mein Leben, wenn ich keine eigenen leiblichen Kinder habe?

Diese Fragen bewegen uns auf unserer Internetseite www.hannahsschwestern.de, im persönlichen Gespräch und bei unseren regelmäßigen regionalen und überregionalen Treffen. Dabei werden wir von Fachleuten u. a. auf den Gebieten der Theologie und Medizin unterstützt.

Unsere Treffen dienen zum persönlichen Austausch, zur Fürbitte, zur Ermutigung und zur Zurüstung. Der Austausch geschieht offen, ehrlich und einfühlsam. Dabei muss niemand seine Meinung verstecken, aber jede Meinung soll in Liebe und voller Wertschätzung für die Person des Gegenübers gesagt werden. Beleidigungen und Beschuldigungen verbieten sich daher von selbst.

Darüber hinaus bieten wir an, in Gemeinden über dieses Thema ins Gespräch zu kommen. Es ist uns auch ein Anliegen, Verständnis zwischen Familien und kinderlosen Ehepaaren zu wecken.

Besonderes Gewicht legen wir auf das Wissen um die Natürliche Empfängnisregelung (NER)[1]. Allen ethischen Entscheidungen in Fragen der Reproduktionsmedizin liegt die Ehrfurcht vor dem Leben zugrunde. Wir bekennen uns zum Lebensschutz vom Tag der Empfängnis an. Wichtige Impulse für die Entscheidungsfindung geben uns die Bioethik-Dokumente *Donum vitae*[2] und *Dignitas personae*[3].

Mein Herz freut sich, dass du so gerne hilfst. Ich will dem Herrn singen, dass er so wohl an mir tut. (Ps. 13, 6)

Stuttgart, März 2010
Anne-Kathrin Braun, Ingeborg Händler,
Beate Lehnert, Maria Roßner,
Deborah Schäfer, Uta Overs

---

1 nach Prof. Rötzer
2 1987
3 2008

Gott füllte leere Hände - zwei Frauen namens Hannah

Anne-Kathrin Braun

In der Bibel begegnen wir zwei Frauen, die Hannah heißen, und die viel gemeinsam haben. Diese beiden Frauengestalten sind uns bei Hannahs Schwestern ganz besonders wichtig – und das nicht nur deshalb, weil die eine lange Zeit und die andere vermutlich nie Kinder hatte. Diese beiden Frauen haben uns vorgelebt, wie man mit unerfüllten Wünschen leben kann.

Eine Frau schüttet Gott ihr Herz aus
Hannah, die Mutter des Propheten (1. Sam. 1-2)

Diese Hannah lebte zur Zeit der Richter. Es gab also noch keinen König in Israel, es gab keine staatliche Ordnung – jeder tat, was er für richtig hielt (Ri. 21, 25). Hannah wird als erste der beiden Ehefrauen Elkanas genannt, deshalb kann man davon ausgehen, dass Elkana zuerst Hannah heiratete und nur deshalb eine zweite Frau nahm, weil Hannah keine Kinder bekam.

Jahrelang musste sich Hannah dann die Sticheleien der Nebenfrau Pennina anhören. Immer, wenn alle fröhlich sein sollten, weil die festlichste Mahlzeit des Jahres stattfand. Immer, wenn sie Teile des Opferfleisches in der Nähe des Heiligtumes aßen. Wenn Pennina dann sah, dass Elkana Hannah ein besonderes Stück Fleisch gab, fing sie an zu sticheln. Ob Elkana dagegen machtlos war, weil Pennina seinen Kindern das Leben geschenkt hatte? Denn offensichtlich hat er Pennina nicht zurechtgewiesen.

Stattdessen versucht Elkana Hannah zu trösten. Manchen erscheinen die Worte Elkanas herzlos, aber ich denke, so sind sie auf keinen Fall gemeint. Seine Worte, wie wir sie heute in der Bibel lesen können, sind sicher eine Zusammenfassung vieler Gespräche. Es gab eine tiefe Liebe, ein tiefes Verstehen zwischen Hannah und Elkana. Beiden ist die Gemeinschaft mit Gott wichtig. Elkana pilgert mit seiner Familie jährlich zum wahren Heiligtum, auch wenn andere Heiligtümer näher gewesen wären. Er hat diese mehrtägige Wallfahrt als Zeit für Gott reserviert. Wenn nun Hannah bei dieser schönen Wallfahrt so traurig ist, versucht er sie zu trösten – mit seiner Liebe. Die starke Liebe eines Mannes ist etwas sehr Kostbares. Und wenn er sie fragt, ob seine Liebe ihr nicht mehr wert sei als zehn Söhne, hat sie wohl oft bejaht. Und dann war sie wieder etwas getröstet. Auch heute ist jede Frau, aber besonders jede kinderlose Frau, dankbar für die tiefe und treue Liebe ihres Mannes.

Lange Jahre versteht Elkana Hannah zu trösten, aber irgendwann hilft das nicht mehr. Hannah steckt in einer tiefen Depression – sie kann nicht aufhören zu weinen. Und bei der Festmahlzeit bringt sie keinen Bissen herunter. Aber sie muss wohl während der ganzen Mahlzeit anwesend sein und kann nicht einfach gehen. Und so hält Hannah durch - wie sie die ganzen Jahre lang die Sticheleien von Pennina ausgehalten hat. Sie ist nicht einfach weggelaufen. Und sie hat ihrem Leben auch nicht ein Ende gemacht. Sie hat durchgehalten. So auch jetzt. Sie wartet, bis sie aufstehen kann, und dann geht sie sofort in das Heiligtum.

Da fällt sie vor Gott nieder und betet wie wohl noch nie in ihrem Leben. Sie schüttet Gott ihr Herz aus. Ihren ganzen Kummer breitet sie vor Gott aus. Das dauert lange. Und weil sie leise betet und nur ihre Lippen bewegt, denkt der Priester schließlich, sie sei betrunken. Er stellt sie zur Rede. Und obwohl alles in ihr in Aufruhr ist, ist sie in der Lage, ihm höflich und ruhig die Lage zu erklären. Sie bittet ihn um sein Verständnis. Und er sagt ihr zu, dass Gott ihr Gebet erhört hat.

Aber was hatte Hannah denn gebetet? Sie hatte nicht einfach um ein Kind gebetet. Das hatte sie wohl schon viele Jahre lang getan. Und das tut wohl jede kinderlose Frau. Nein, diesmal bat sie Gott um einen Sohn – und den würde sie Gott gleich nach der Stillzeit wieder zurückgeben. Sie würde ihren Sohn also nur drei bis vier, maximal fünf Jahre bei sich haben. Um diese kurze Zeit bat sie Gott: Nur einmal ein eigenes Kind haben und es stillen, es die wichtigsten Dinge lehren. Dann soll es wieder Gott gehören. Hannah bat Gott um ein kleines Kind für ein paar Jahre. Erstaunlich, nicht wahr?

Und Gott, dessen Eigenschaft die Treue ist, steht zu seinem Wort. Er lässt Hannah schwanger werden. „Und der Herr gedachte an sie.“ (1. Sam. 1, 19) Das heißt nicht, dass Gott Hannah vorher vergessen hatte. Aber es macht deutlich, dass Hannah auf natürlichem Wege kein Kind bekommen hätte. Gott hatte das alles in der Hand. Er nimmt Hannah beim Wort. Als Hannah ihrem Mann von ihrem Gelübde (ihrem Versprechen vor Gott) erzählt, bestätigt er es. Jetzt muss Hannah auch ausführen, was sie versprochen hat. Nur ihr Mann hätte sie von ihrem Wort befreien können, und das nur an dem Tag, an dem er davon erfahren hatte (4. Mo. 30, 11-16). Aber Elkana ist natürlich weit davon entfernt, Gott ein Kind wegzunehmen, das Hannah ihm versprochen hat. Und so bestätigt er das Gelübde. Was Gott zusteht, muss man ihm auch geben - darin sind sich die beiden Eheleute einig.

Als Hannah dann nach vier oder fünf Jahren wieder vor Eli steht und Samuel mitbringt, ist keine Traurigkeit oder Bitterkeit in ihrem Herzen. Nein, sie hat ein Loblied auf den Lippen. Sie rühmt Gottes große Taten, seine Macht, seine Schöpfung, seine Herrlichkeit. Und das, obwohl sie ihren geliebten Sohn wieder abgeben muss.

Hannah war eine Frau nach dem Herzen Gottes: Sie blieb auch im Leid treu. Und sie schüttete Gott ihr Herz aus. Der Prophet Samuel salbte später den ersten König Israels. Hätte Hannah auf natürlichem Wege Kinder bekommen, hätte sie wohl keines bei dem Priester Eli und seinen gottlosen Söhnen aufwachsen lassen. Aber so ist ihre Kinderlosigkeit einem ganzen Volk zum Segen geworden, denn unter Samuel begann eine Erweckung in Israel (1. Sam. 3,21).

Die im Tempel wohnte
Die alte Witwe Hannah (Lk. 2,22-38)

Die alte Witwe Hannah begegnet uns in nur drei Versen im Neuen Testament. Aber diese wenigen Verse erzählen uns viel aus ihrem Leben. Der Name ihres Vaters Phanuël bedeutet *Einer, der Gott sieht*. Sicher hat Hannah bei ihrem Vater diesen Blick auf Gott für das ganze Leben gelernt. Und der Stamm Asser, dem sie angehört, galt als besonders gottesfürchtig.

Hannah heiratete sicher noch jung. Aber das junge Glück dauerte nur sieben Jahre, dann starb ihr Mann. Höchstwahrscheinlich hat Hannah keine Kinder bekommen, denn Kinder sind nicht erwähnt. Nach dem Tod ihres Mannes hatte sie nicht viele Möglichkeiten. Sie konnte eigentlich nur in das Haus ihrer Eltern zurückkehren und darauf warten, dass ein Mann sie heiraten möchte. Als kinderlose Witwe hatte sie einen schweren Stand. Sie hatte sozusagen keine Rentenversicherung. Was sollte mit ihr passieren, wenn ihre Eltern nicht mehr lebten? Ob sie Geschwister hatte, die sie versorgten? Das alles wissen wir nicht.

Aber wir wissen, dass Hannah ihre Tage im Tempel verbrachte – und auch die Nächte. Möglicherweise hatte sie ein kleines Zimmer im Tempel, in dem sie die wenigen Stunden verbrachte, die sie als alte Frau noch zum Schlafen brauchte. Die restliche Zeit hat sie im Gebet oder in der Gemeinschaft mit den anderen Wartenden verbracht. Beten und Warten – das tat sie nicht nur dann und wann. Beten und Warten waren ihr Lebensinhalt geworden.

Hannah wartete irgendwann nicht mehr darauf, einen zweiten Mann zu finden. Entweder begrub sie diesen Wunsch ganz schnell, weil sie ihren Mann so sehr geliebt hat, dass sie sich nicht vorstellen konnte, einen anderen Mann noch einmal genauso zu lieben. Oder sie begrub diesen Wunsch mit der Zeit, weil er sich nicht erfüllte. Vielleicht auch, weil sie immer mehr merkte, dass es viel sinnvoller ist auf Gott zu warten als auf Menschen. Denn Gott würde sie nie enttäuschen. Und so vertiefte sie sich in die Schriften der Propheten. So begann sie mit der Erwartung zu leben, dass eines Tages der Messias kommt. Sie wartete darauf, dass er das Heil für Israel und alle Völker bringen würde. Viele Jahrzehnte lebte sie in dieser Erwartung.

In solchem Warten kann man wohl gar nicht anders als beten. Hannah betete nicht nur hin und wieder, sondern sie führte ein Leben des Gebets. Wenn sie nachts nicht schlafen konnte, betete sie. Wenn sie tagsüber nicht gerade mit jemandem über die heiligen Schriften sprach, betete sie. So war Gott ihr bester Freund und Ratgeber geworden. Sie lebte in einer sehr engen Beziehung zu ihrem Gott.

Und so wird sie irgendwann eine Prophetin genannt. Ein Prophet ist jemand, der Gottes Wort in die jeweilige Situation eines Menschen oder eines Volkes hineinspricht. Das hat Hannah sicher getan. Sie war so vertraut mit den Schriften und lebte in so inniger Gemeinschaft mit Gott, dass sie anderen Menschen das Wort Gottes zusprechen konnte. Sie konnte die Schriften auslegen, sie konnte ermahnen und ermutigen. Wie lange sie das schon tat, wissen wir nicht. Aber Lukas berichtet von ihr, als sie 84 Jahre alt ist.

Über dem Warten und Beten war sie so alt geworden. Bei ihr hat sich das Wort des Psalmisten erfüllt: Und wenn sie auch alt werden, werden sie dennoch blühen, fruchtbar und frisch sein. (Ps. 92, 15) Hannah ist nicht vor Kummer gestorben, kurz nachdem ihr Mann begraben wurde. Das Wort Gottes und die Gemeinschaft mit Gott haben sie jung erhalten, so scheint es.

Und weil sie ganz in der Gegenwart Gottes lebt, ist sie auch zur Stelle, als das Baby Jesus in den Tempel gebracht wird. Sie hört die Worte von Simeon und weiß: Das ist er. Mein Warten hat sich gelohnt. Das ist der Messias. Kein Wunder, dass ihr das Herz überfließt vor Lob und Dank. Sie ist voller Dankbarkeit darüber, dass sie sehen darf, was Gott verheißen hat. Da kommt kein Wort der Klage über ihre Lippen. Sie beschwert sich nicht bei Gott über die langen, einsamen Jahre. Sie klagt nicht darüber, dass sie nie Kinder hatte und jetzt allein dasteht. Weil sie in der Gemeinschaft mit anderen Wartenden lebte, war sie ja auch nie wirklich allein. Und selbst wenn diese einer nach dem anderen gestorben sind – da ist immer Gott, der Ewige und Treue.

Am Ende ihres Lebens lobt Hannah Gott. Ich finde das großartig. Wir würden das als ein schweres Leben bezeichnen: So jung Witwe werden und bleiben, und das mit der finanziellen Unsicherheit – ohne jegliche Rentenversicherung. Wenn wir Hannah hätten fragen können, hätte sie bestimmt gesagt, dass sie ein erfülltes und glückliches Leben hatte. Hätte ihr Mann länger gelebt, wäre sie sicher nicht in den Tempel umgezogen. So aber konnte sie ganz für Gott und die Gemeinde leben, beten und warten. So konnte sie eine Prophetin werden. Und so wurde ihre tiefe Sehnsucht nach Gemeinschaft mit Gott gestillt. Diese Sehnsucht kann kein anderer Mensch wirklich stillen. Ist es da ein Wunder, wenn Hannah ihr Leben als ein erfülltes und glückliches sieht?

Literatur:

Ernst Modersohn: Die Frauen des AT, Berlin, 1965;

Ernst Modersohn: Die Frauen des NT, 2. Aufl., Neumünster, 1911

Ich danke Mailis Janatuinen, dass ich ihre Überlegungen zu Frauen aus der Bibel verwenden durfte.

Teil II

So geht es uns

Zwölf Frauen und ein Mann erzählen ihre Geschichten

Dieser Teil des Buches soll zwölf Frauen und einem Mann eine Stimme geben, die mit dem unerfüllten Wunsch nach eigenen Kindern leben mussten oder müssen. Sie erzählen von ihrem Weg damit, mit ihrem Ehepartner und mit Gott. Alle haben ihre Geschichten selbst geschrieben. In der Regel haben sie allerdings einen anderen Vornamen gewählt. So sind diese Geschichten kleine Autobiographien – bis auf die Namen.

Aber eigentlich sind es nicht nur Autobiographien. Es sind alles Wundergeschichten – nicht nur die, in denen am Ende ein Kind geboren wurde. Die Wunder, die Gott tut, sehen ganz verschieden aus: ein lebendiges Kind, Freude und Frieden im Herzen, ein erfülltes Leben in der Ehe und in der Gemeinde und ein ruhiges Herz, das Kraft und Zeit hat, für andere da zu sein. Wir laden Sie ein, sich mit hineinnehmen zu lassen in diese Wundergeschichten.

Anne-Kathrin Braun

Ein Kind bei Gott

Mona, 29 Jahre

Ich kann es kaum glauben. Nach all den Jahren des Hoffens und Verzagens, nach einem Duzend Schwangerschaftstests, erscheinen im Testfeld zwei rosa Streifen: schwanger! Der Besuch beim Frauenarzt bestätigt das Ergebnis. Achte Woche, aber die Ärztin schätzt den Fötus erst auf die sechste Schwangerschaftswoche. So etwas könne vorkommen bei unregelmäßigem Zyklus, kein Grund zur Beunruhigung. In zwei Wochen soll ich wiederkommen zum Blutabnehmen. Die Arzthelferin gibt mir geschätzte 10 Kilo Infomaterial mit. Ich besuche meinen Mann auf der Arbeit und zeige ihm das Ultraschallbild mit dem kleinen schwarz-weißen Gebilde. Endlich.

Ich nehme die Schwangerschaftsbeschwerden gern auf mich und stelle mich auf das kleine Geschöpf in meinem Körper ein. Information, Planung, Träume. Wir erzählen es nach und nach unseren Familien und Freunden. Viele freuen sich mit uns, weil wir nach 8 Jahren Ehe nicht mehr nur zu zweit sind. Voller Freude fahre ich zum zweiten Frauenarzttermin, denn heute müsste man das Schlagen des kleinen Herzens im Ultraschallbild sehen. Ich liege da und die Ärztin sucht nach dem Fötus, er scheint sich etwas versteckt zu haben. Doch als dann endlich was zu sehen ist, merke ich am Bild und auch an der Reaktion der Ärztin, dass etwas nicht stimmt. Beim Gespräch sagt sie mir behutsam, aber eindeutig, dass sich alles zurück entwickelt hat und somit eine verhaltene Fehlgeburt vorliegt. Das bedeutet, dass der Fötus abgestorben ist, aber mein Körper hat ihn noch nicht abgestoßen und nun muss in einer OP eine Gebärmutterausschabung gemacht werden. Sie erzählt mir dann noch etwas wie „aber wenigstens wissen wir, dass eine Schwangerschaft bei ihnen möglich ist", aber ich stehe schon völlig unter Schock. Als mir die Arzthelferin zur Kontrolle Blut abnimmt, fangen die Tränen an zu laufen. Und während ich das jetzt schreibe, muss ich auch wieder weinen...

Die nächsten Stunden und Tage nach diesem Befund empfinde ich dann nur noch als surreal. Ich heule und schreie zu Gott: „Was hat das für einen Sinn, erst diese Hoffnung und Freude – und dann zerbricht alles?" Mein Mann kann mich nur noch in den Arm nehmen und halten, wir weinen zusammen.

Als an dem Abend dann leichte Blutungen und Schmerzen eintreten, fährt er mich ins Krankenhaus und ich will alles schnell hinter mir haben. Die zuständige Ärztin macht einen Ultraschall, bestätigt noch mal eine verhaltene Fehlgeburt, sieht aber keinen Grund, die OP gleich durchzuführen. Ich soll am nächsten Tag wiederkommen zum Gynäkologen, mich noch mal untersuchen lassen und einen ambulanten Termin ausmachen. Am nächsten Tag untersucht mich also ein weiterer Arzt, ich muss noch zu einem Vorgespräch zum Anästhesisten, sitze dann allein irgendwo und muss Formulare für den OP-Termin am nächsten Tag ausfüllen.

Gegen Mittag fahre ich heim und eine Freundin kommt vorbei. Als sie wieder geht, bekomme ich Bauchschmerzen und ich nehme eine Bruscopan-Tablette. Doch die Schmerzen werden immer schlimmer, Krämpfe in immer kürzeren Abständen. Ich renne aufs Klo und ein Schwall Blut ergießt sich in das WC-Becken. Ich handle wie in Trance, will mir das Blut mit dem Papier abwischen und habe auf einmal die Fruchtblase in der Hand. Vor Schreck lasse ich sie ins Klo fallen, mache mich noch etwas sauber und spüle alles runter.

Doch die Schmerzen hören nicht auf, ich rufe die Freundin, die zum Glück gleich nebenan wohnt und auch noch Krankenschwester ist. Sie ruft meine Frauenärztin an, und fragt, was wir machen sollen, denn der OP-Termin ist erst morgen. Sofort ins Krankenhaus. Sie fährt mich in zehn Minuten wieder in das Krankenhaus, in dem ich am Vormittag erst war. Auf der Fahrt habe ich immer wieder Bauchkrämpfe. Von der Notaufnahme werde ich gleich auf die gynäkologische Station geschickt. Wir warten auf den Arzt, aber ich muss wieder schnell aufs Klo. Wieder Blut und diesmal auch Gewebe, viel Gewebe. Ich versuche alles soweit abzuwischen. Dann wieder Untersuchung, Einweisung und Warten auf dem Zimmer mit langsam nachlassenden Schmerzen. Fahrt in den OP, Narkose und Augen zu.

Beim Aufwachen bin ich noch voll high, alles dreht sich, ich sehe Muster an der Decke und frage die Schwestern lallend „was sin‘n das für Drogen, die ihr mir gegeben habt?“ Mir ist alles sch…egal. Ich weiß zwar, was passiert ist, aber ich kann es emotional nicht nachvollziehen, auch dank der LMAA-Mittel. Im Krankenzimmer auf der HNO-Station schlafe ich die Nacht kaum. Ich glaube, man hat mich extra nicht auf die Gyn. gelegt, zu den Schwangeren.

Morgens eine letzte Untersuchung, Tasche packen und auf meinen Mann warten, der mich abholt. Ich sitze im Gang und starre vor mich hin. Eine Schwester kommt und versucht, etwas zu sagen: „Vielleicht war es besser so, das Kind war nicht lebensfähig. Beim nächsten Mal vielleicht.“ Ich sage trotzig „Es hat schon über fünf Jahre bis zu dieser Schwangerschaft gedauert.“ Dann meint sie nur noch: „Es ist traurig zu sehen, wie Frauen, die Kinder wollen, diese verlieren und andere kommen hierher, um Kinder, die sie nicht wollen, abzutreiben.“ Dann ist sie gegangen, und ich saß allein und auch immer noch etwas gedämpft vom Narkosemittel da und habe mit den kleinen Weihnachtsengeln am Tischschmuck gespielt.

Es war Advent, aber meine frohe Erwartung war zu Ende. Ich hatte das Kind tot geboren, wenn auch nur als kleinen Zellhaufen, mich unter den Schmerzen der Abortwehen gekrümmt, ich hatte die Fruchtblase in der Hand und vor Entsetzen im Klo heruntergespült. Diese Phrase „mein Kind im Klo runtergespült“ hat sich so sehr eingebrannt in meinen Kopf und kommt immer wieder als Anklage ins Bewusstsein, dass ich nicht wert sei, Leben zu schenken.

Meine Trauerzeit begann erst am nächsten Tag, denn ich fand für das Geschehene noch keine Tränen, ich war einfach leer: ohne Gefühle, ohne Gedanken, ohne Kind.

Freunde und Familie kamen, versuchten zu trösten. Viele liebe Worte und Anteilnahme. Aber es war noch zu früh für Sprüche wie „das wird schon wieder“, „gebt die Hoffnung nicht auf“, „vielen ist das schon passiert, und sie haben trotzdem noch Kinder bekommen“. Ich musste erst den Verlust betrauern, bevor ich in die Zukunft schauen konnte. Ich musste den Bezug zu meinem Körper wieder herstellen, der hier kläglich versagt hatte.

Ein Grab, dachte ich immer wieder, mein Bauch ist ein Grab, mein Kind wurde da hinein gelegt zum Sterben.

Ich malte ein paar Tage an zwei Bildern, um all die Gedanken herauszubekommen. Tiefer Schmerz bewegte mich und immer wieder der Gedanke an die Niederlage meines Körpers. Ich hasste ihn dafür, nicht so zu funktionieren wofür er geschaffen ist.

Ich war immer noch wie leer, suchte Trost in Bibelworten und fühlte mich mit der Zeit wie geläutert. Keine unnützen Gedanken an Alltäglichkeiten, keine Grübeleien über: Was wäre, wenn... Aber genug Tränen, um alles heraus zu spülen, auch das, was sich in den Jahren des vergeblichen Hoffens angestaut hatte. Die Erwartungen der anderen („Wann ist es endlich bei euch so weit?“), die Erwartungen an mich selbst („ich muss funktionieren“) und all das, was noch mitschwingt: Kinder sind eine Gabe des Herrn, seid fruchtbar und mehret euch, Fortpflanzung ist eines der Hauptmerkmale biologischen Lebens, die Äste im Stammbaum enden bei uns, kinderlose Paare sind egoistisch, sinkende Geburtenraten, leere Rentenkassen... Das alles ist nicht mehr meine Last, die ich mir durch Nichterfüllen meiner biologischen Bestimmung selbst auferlegt hatte.

Meine Angst vor dem Tod, die vorher stellenweise in Panikattacken gipfelte, wurde durch dieses hautnahe Erlebnis, das Sterben meines ungeborenen Kindes, relativiert. Ich halte es nicht in der Hand, weder mein

Leben noch ein anderes Leben. Ich habe das alles noch einmal Gott vor die Füße gelegt. *Herr, nicht mein Wille, sondern dein Wille geschehe. Wenn du Leben schenkst, dann tust du das nach deinem Plan und auch wenn du Leben wieder nimmst.*

Die Fehlgeburt ist jetzt ein Jahr her und ich durchlebe immer wieder Trauerphasen, vor allem in der Zeit des errechneten Geburtstermins ging es mir schlecht. Bei einem englischen Lobpreislied mit der Zeile *„You give and take away"* fing ich in einem Raum voller Leute zu weinen an.

Ich freue mich, wenn andere von ihrer Schwangerschaft erzählen. Durch meine künstlerische Arbeit habe ich schon etliche Bilder von Schwangeren machen können, und das bereitet mir auch viel Freude. Aber ab und zu wird es mir zu viel, vor allem in lockeren Runden mit Frauen wird oft von Babys und Kinderkriegen gesprochen. Ein Stück weit rede ich mit, höre aber meist nur zu und fühle mich mit der Zeit immer unwohler, wenn das Thema nicht mehr wechselt. Dann ergreife ich schon mal die Flucht, fresse es in mich hinein, um dann auf die Frage meines Mannes, was mit mir los ist, in Tränen auszubrechen.

Vielleicht umreiße ich an dieser Stelle noch mal kurz den Weg unserer Kinderlosigkeit. Als wir mit 19 Jahren heirateten, standen erst mal mein Studium und der Abschluss im Vordergrund. Es brauchte viele Versuche, um die richtige Pille für mich zu finden. Dann kam schon bald das Thema Kind, und ich setzte die Pille wieder ab. Gleich im ersten Zyklus ging es los mit den ständig wieder zerbrechenden Hoffnungen. Ich deutete die Absetznebenwirkungen als Schwangerschaftsanzeichen, zwei negative Tests holten mich wieder auf den Boden der Tatsachen, um auf das nächste Mal zu hoffen. Bis heute um die 60mal zerbrochene Erwartungen, jeden Monat aufs Neue.

Das kann nicht gut gehen. Nach fast zwei Jahren erfolgte ein Psychiatrieaufenthalt. Ein sehr beängstigendes Symptom, was mich letztendlich zum Hilferuf trieb, war Depersonalisierung. Das bedeutete in meinem Fall, dass ich meinen Körper als fremd und verzerrt wahrnahm. Meine Arme, meine Beine erfüllten zwar ihre Aufgaben und bewegten sich, aber ich hatte keinen Bezug mehr zu ihnen. Sie waren wie Puppenarme, die ferngesteuert wurden. Ich hatte das Gefühl, größer oder kleiner zu werden, oder nur noch ganz wenig zu wiegen, ganz leicht zu sein. Ich bin kein Psychiater, und ich habe bestimmt auch andere Dispositionen, eine psychische Krankheit zu bekommen, aber ein Zusammenhang zwischen dem ständigen Beobachten und Befragen meines Körpers, ob ich schwanger sein könnte oder nicht und diesen Symptomen der verzerrten Körperwahrnehmung ist wohl nicht ganz von der Hand zu weisen.

Während meiner Erkrankung war das Thema Kinder erst mal zweitrangig, ich musste zuerst wieder auf die Beine kommen und mein Leben neu ordnen. Mit zunehmender Genesung und Zufriedenheit kam auch wieder der Wunsch nach Kindern. Wir machten aber weiter keinen Stress. Auf Fragen, ob wir irgendwann Kinder wollen, antworteten wir zuversichtlich JA. Ich wusste, dass mein Hormonhaushalt etwas grenzwertig ist, vor allem das Testosteron. Für mich als Sportlerin sind natürlich die daraus resultierenden eher männlichen Fähigkeiten wie Ball- und Körperbeherrschung, Ehrgeiz und höherer Muskelaufbau schon ein Vorteil (man sieht mir das aber nicht an). Trotzdem kommt mir oft der Gedanke, nicht 100% Frau zu sein.

Hormontests im letzten Jahr waren bei meinem Mann ohne Auffälligkeit, aber bei mir offenbarten sie Unregelmäßigkeiten schwangerschaftsrelevanter Hormone, denn der etwas erhöhte Testosteronspiegel allein dürfte nicht der Grund der Kinderlosigkeit sein. Also bekam ich zwei Hormonpräparate zur Unterstützung der Eireifung. Bei dem einen konnte ich die Liste der Nebenwirkungen fast als Beschreibung meines Zustandes während der Einnahmezeit verwenden. Hundeelend, müde, depressiv, Darmbeschwerden, Schwindel. Aber das andere hatte es noch mehr in sich, zirka eine Stunde nach Einnahme begann ich einen abartigen Film zu schieben, meine Gedanken rasten und gerieten außer Kontrolle, ich war zerfahren und konnte nicht mehr schlafen. Eine sehr seltene Nebenwirkung sind Psychosen bei prädisponierten Patienten – ich hatte also den Jackpot geknackt. Von da an wollte ich nichts dergleichen mehr zu mir nehmen. Ich habe die medikamentöse Behandlung abgeschlossen oder, besser gesagt, abgebrochen. Mal noch etwas Pflanzliches zur Zyklusregelung, aber mehr will ich nicht einwerfen. Der letzte Hormontest ergab dann auch Werte größtenteils im Normbereich, worauf auch prompt die oben beschriebene Schwangerschaft mit der Fehlgeburt eintrat.

Soweit ist bei mir gynäkologisch alles in Ordnung, aber das ist keine Garantie, dass es auch klappt. Ich weiß, es gibt noch sehr viele Möglichkeiten. Das ist auf der einen Seite gut, denn man muss die Hoffnung nicht begraben, aber es ist auch wieder eine Art Zwang, alles zu probieren was geht. Und ich merke, wie langsam die Stimmen wieder laut werden, die vorher nach unserem Kinderwunsch gefragt haben und jetzt danach fragen, was wir alles tun werden, welche Methoden wir alle ausprobieren, um endlich ein Kind zu bekommen. Am Ende fürchte ich noch, mich rechtfertigen zu müssen, nicht alles getan zu haben was möglich ist. Ich will nicht wieder in diese Abwärtsspirale hineingeraten, in der ich nie genüge. Es liegt nicht an mir, ich hab es längst an Gott abgegeben, und er entscheidet.

Nachdem ich mich im letzten Jahr ein Stück mehr vom unbedingten Kinderwunsch verabschiedet habe, bin ich Anfang des neuen Jahres doch sehr überraschend schwanger geworden. Die Angst, das Kind wieder zu verlieren, ist nach der Erfahrung mit der Fehlgeburt allgegenwärtig. Habe ich beim letzten Mal viel im Schlaf von dem Baby geträumt, wie es sein wird, wenn es auf die Welt kommt und wie das Leben mit dem neuen Geschöpf aussieht, so träume ich zur Zeit fast nur davon, dass es eine ungewisse Schwangerschaft ist, und dass ich das Kind wieder verliere. Es spiegelt eben sehr meine Befürchtungen und Erfahrungen wider. Aber nach wie vor kann ich nichts anderes tun, als es Gott in seine Hände zu legen: meine neuen Hoffnungen, meine alten Ängste, mein eigenes Leben.

Beim letzten Arzttermin konnte man im Ultraschall dann das winzige Herz schlagen sehen, und die Gynäkologin meinte, dass es diesmal viel besser aussieht als beim letzten Mal. Viele Gebete werden das neue Leben begleiten ...

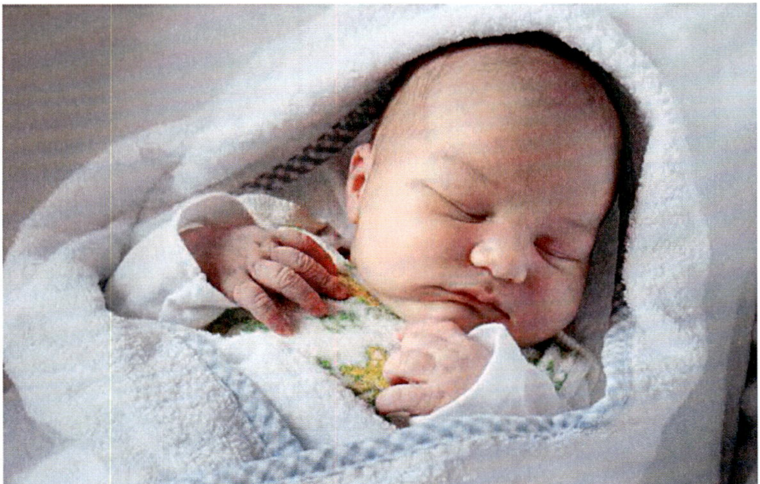

Monas Sohn kam im Oktober 2010 gesund zur Welt

Foto: privat

Herzenswunsch

Hope, 31 Jahre

Seit unserer Hochzeit vor neun Jahren wünschten wir uns Kinder. Die anfängliche Euphorie, dass sich eine Schwangerschaft bald einstellen wird, verflog nach zwei Jahren vergeblichen Wartens. Langsam machte ich mir so meine Gedanken, woran es liegen könnte und es machte sich die Angst breit, es könnte nie klappen. Ich sprach meinen Arzt darauf an und er erklärte mir die weitere Vorgehensweise. Für mich bedeutete das eine Reihe von Blut- und Hormontests sowie eine Bauchspiegelung. Mein Mann unterzog sich ebenfalls einem medizinischen Rund-um-Check. Das Ergebnis aller durchgeführten Untersuchungen lautete: „ Alles okay." Auf der einen Seite waren wir erleichtert, auf der anderen aber auch verunsichert. Wenn alles in Ordnung ist, wieso werde ich nicht schwanger? Als mir dann meine Freundin sagte, sie erwarte ein Kind, war ich bedient. Nun erlebte ich hautnah mit, wonach ich mich am meisten sehnte. Die zwiespältigen Gefühle in dieser Zeit sind mir noch heute unangenehm, denn ich verspürte oft großen Neid auf sie.

In dieser Zeit sprachen wir auch eine Adoption an, jedoch konnten wir uns nie wirklich durchringen, einen Antrag zu stellen. Vielleicht, weil wir tief im Inneren immer die Hoffnung hegten, es könnte bei uns doch noch klappen. Mit Ende 20 ist ja biologisch noch nichts zu spät. Die anfänglichen Fragen unserer Freunde und Bekannten ließen mit der Zeit auch immer mehr nach. Besonderes als wir in die Offensive gingen und stets betonten, dass wir gerne Kinder wollen, es aber leider nicht klappt. Die Reaktionen darauf gingen von Erstaunen bis hin zu einer peinlichen Stille. Viele unserer Freunde und Bekannten bekamen im Laufe der Zeit nach und nach ihre Kinder, und wir waren immer das Paar, das mitleidig betrachtet wurde. Oft versuchten sie mich auch zu schonen, indem sie mir die Schwangerschaften verheimlichten. Bei mir löste das nur noch mehr Traurigkeit aus, da ich nun auch noch das Gefühl hatte, sie schlossen mich aus. Allerdings waren sie mit der Situation genauso überfordert wie ich. Denn jeder Schwangerenbauch brach mir ein Stück weit das Herz. Ich wünschte mir ja nichts mehr als ein Kind. Trotz des Schmerzes, den ich dabei empfand, ging ich doch gern auf Babybesuche. Dabei überwog die Freude für die Familien, und ich genoss sogar ein Stück weit den Kontakt zu ihnen.

Das Thema Kinderlosigkeit kam nun auch zwischen mir und meinem Mann öfter zur Sprache. Stets war es mein Mann, der mir immer wieder Mut machte, indem er sagte: „Das wird schon, Schatz." Damit hat er mir auch etwas von dem Druck genommen, den ich mir oft selbst machte. Dafür bin ich ihm noch heute sehr dankbar, denn ich weiß, wie sehr ihn diese Situation innerlich belastet hat.

Ich fühlte mich aufgrund der Kinderlosigkeit auch oft nur als halbe Frau, da es für mich immer das Natürlichste war, Kinder zu bekommen. Allen Untersuchungsergebnissen zum Trotz machte ich mir selbst Vorwürfe. Was habe ich falsch gemacht? Wofür will mich Gott bestrafen? Was muss sich in meinem Leben ändern, das Gott mir diesen Wusch erfüllt? Ich habe auch Gott in den letzten sechs Jahren oft Vorwürfe gemacht, da ich seinen Weg für mein Leben nicht sehen wollte oder konnte. Ich haderte damit, dass es sein Wille sein könnte, dass wir ohne Kinder bleiben sollten, denn für mich war ein Leben ohne Kinder unvollkommen.

Heute macht mich das ein Stück weit traurig, dass ich Gott nicht so vertraut habe, wie er es von mir erwartet. Oft kommt mir auch mein Taufspruch in den Sinn: *Des Menschen Herz erdenkt sich seinen Weg; aber der Herr lenkt seinen Schritt. (Spr. 16, 9)* Ich hätte es nie für möglich gehalten, dass er auf so wunderbare Weise Anwendung auf mein Leben finden würde. Denn als meine Hoffnung am kleinsten und der Zweifel an Gott am größten waren, ließ er ein Wunder geschehen.

Er erfüllte mir und meinem Mann nach sechs Jahren des Wartens und Hoffens den größten Herzenswunsch. Gott schenkte uns nach einer wunderbaren Schwangerschaft und Geburt eine süße Tochter. Noch heute bin ich oft überwältigt von diesem Wunder und danke Gott von Herzen dafür. Unser Leben hat sich neu ausgerichtet und zwischen etwas Stress und wenigen unruhigen Nächten ist Platz für viel Freude und Dankbarkeit. Die traurige und oft auch hoffnungslose Zeit habe ich trotz allem nicht vergessen. Jedoch war dieser Reifeprozess nötig, um mich auch im Glauben ein Stück näher zu Gott zu bringen. Nun hat sich alles zu einem Weg zusammen gefügt. Gott hatte seinen eigenen Plan für unser Leben und er stimmte eben nicht ganz mit unserem überein.

Umso mehr kann ich jene verstehen, denen es nicht vergönnt ist, eigene Kinder zu haben. Ich fühle mich heute reich beschenkt, da ich beide Seiten erlebt habe. Ich wünsche jedem die Kraft, auf Gottes Plan zu vertrauen – auch wenn ich es selbst oft nicht geschafft habe.

Hopes Tochter wurde im März 2009 geboren

Foto: privat

Kinderlosigkeit: Schmerz und Chance

Benjamin, 30 Jahre

Seit fünf Jahren wünschen wir uns ein Kind. Bis heute ist es ein Wunsch geblieben. Das ist bitter, aber ich finde es keine so elende Tragödie, dass wir deswegen beständig Trübsal blasen müssten. Schmerzhafte Enttäuschung und Blick auf die Chancen stehen für mich nebeneinander. Eigentlich wollte ich immer drei Kinder bekommen. So erlebte ich es in den meisten Familien meiner Verwandtschaft, in denen die Eltern auch fast alle beieinander geblieben sind. Doch so wichtig und schön Kinder auch sind, sie sind nicht alles. Schon als ich bei den ersten Begegnungen erfuhr, dass meine damalige Freundin und heutige Frau ein ganzes Ende älter ist als ich, war für mich klar, dass die Geschichte mit dem Nachwuchs schwierig werden könnte. Ganz fern im Hinterkopf war bei mir das Thema schon da, das uns heute beschäftigt. Doch der liebe Gott hatte mir nun einmal diese wunderbare Frau geschickt, und ich sagte gern Ja. Ich würde es heute wieder tun.

Unsere Geschichte des unerfüllten Kinderwunsches wird nicht so ungewöhnlich sein: Wir lernten uns vor sieben Jahren kennen, verlobten uns nach einem Jahr und heirateten ein weiteres Jahr später. Schon bei unserer zweiten oder dritten Begegnung sprachen wir über eventuelle gemeinsame Kinder. Das war ein klares Zeichen für eine gemeinsame Zukunft. Nun hoffen wir seit fünf Jahren erfolglos auf Nachwuchs. Die schlimmste Zeit, vor allem für meine Frau, waren hier sicher die Monate nach dem ersten halben Jahr des Probierens. Auch ich begann, ganz genau die körperlichen Signale meiner Frau wahrzunehmen. Jede kleine ungewöhnliche seelische Stimmung, unnormaler Appetit oder auch Geruch weckten ein wenig Hoffnung, die dann doch immer wieder bitter zerbrach.

Nach einem dreiviertel Jahr beschlossen wir, unser Problem aktiv anzugehen und erst einmal zu schauen, woran es liegen könnte. Wir wollten etwas tun. Das ist gut für die Seele. So gingen wir gemeinsam zum Frauenarzt. Der schickte uns wiederum ohne nähere Beratung zu einer Praxis für künstliche Befruchtung. Ob wir das wollten oder nicht, und was das hieß, das spielte dabei gar keine Rolle. Wir sollten uns einfach mal untersuchen lassen. Das ließen wir auch machen. Nach den Tests wurde uns erklärt, dass im Wesentlichen alles in Ordnung, aber die Hormone etwas schwach besetzt waren. Wir sagten uns: dem lieben Gott und seinem Auftrag an uns, sich zu mehren, wollen wir gern etwas auf die Sprünge helfen. Jedoch hatten wir keine Lust, uns ganz in diese chemische Maschinerie hineinzubegeben. IVF lehnten wir von Beginn an ab.

Schon die Einrichtung der Praxis und wie unglücklich die Leute da alle aussahen, waren ziemlich schrecklich. Der Mensch wird dort zum benutzten Material: Chemische Keule für die Frau. Pornos für den Samenausstoß des Mannes. Rücksicht auf Arbeitszeiten von uns beiden wurde nur minimal genommen. Wer nicht alles für ein Kind tun möchte, findet kaum Verständnis. Unsere Wünsche wurden eigentlich nie wirklich erfragt. Eine eingehendere Beratung, worauf wir uns mit welcher Behandlung genau einlassen, fand nicht statt. Wir mussten uns anlesen, welche Folgen der Hormonterror für eine Frau in einer IVF-Behandlung haben könnte. Erzählt hat uns das keiner, geschweige denn erwähnt, dass die ethischen Grenzen zwischen IVF und Abtreibung fließend verlaufen, bzw. eigentlich gar nicht vorhanden sind.

Doch wir ließen uns kritisch und etwas widerwillig ein Stück weit auf die Maschinerie ein, zahlten für ein paar Hormonspritzen und versuchten es zwei Mal erfolglos mit einer Insemination. Zu mehr waren wir eigentlich nicht bereit. Wir merkten aber, wie schnell der Gedanke hochkam, vielleicht doch noch eine Stufe weiter zu gehen, es wenigstens einmal versucht zu haben. Es ist ein Teufelskreis, der einen da erfasst. Täglich Spritzen und auf Kommando der Mediziner dann miteinander schlafen, oder gar Sperma für das Labor abliefern. Das wird schneller normal als man denkt. Funktioniert das eine nicht, probiert man halt das nächste. Man möchte ja ein Kind. Es keimten bei uns beiden Zweifel am ersten Entschluss: „Soll das nun alles umsonst gewesen sein? Wenn man nun schon so viel anderes versucht hat, dann macht es doch keinen großen Unterschied mehr, wenn …“

Es kostet Kraft, Nein zu sagen. Ich bin mir heute unsicher, wie wir entschieden hätten, wenn wir alle Behandlungen bezahlt bekommen hätten, oder wenn wir genügend freie Zeit und ausreichend Geld für alle Behandlungsformen gehabt hätten. Im Nachhinein bin ich froh darüber, dass sich meine Frau bei den ungewissen Erfolgsaussichten ihren Körper nicht ruiniert hat und jetzt keine unnötig befruchteten Eizellen in Reagenzgläsern vor sich hinfrieren, die unsere Kinder werden könnten.

Adoption

Glücklicherweise haben wir mit dem Adoptionsantrag rechtzeitig einen alternativen Weg eröffnet, ein Kind zu bekommen. Vor drei Jahren meldeten wir uns auf dem Jugendamt. Ende letzten Jahres besuchten wir einen sehr spannenden und interessanten Adoptionsvorbereitungskurs. Wir können uns diesen Weg, durch Adoption Eltern zu werden, sehr gut vorstellen, wissen aber, dass es doch etwas völlig anderes als ein leibliches Kind ist. Wir haben kein Recht auf ein Kind. Das Bedürfnis eines

Kindes, das nicht bei seinen Eltern aufwachsen kann, und unser Wunsch, Eltern zu werden, überschneiden sich zwar, dennoch sind es aber erst einmal zwei verschiedene Dinge. Das ist uns wichtig. Ein Adoptivkind ist nicht einfach Ersatz. Ein Freund von uns, der selbst adoptiert wurde, machte uns jedoch Mut: Einem zur Adoption freigegebenen Kind könne nichts Besseres passieren, als gute Adoptiveltern zu finden. Wir wissen nicht, ob tatsächlich, wann und wie wir ein Kind vermittelt bekommen. Es kann sehr kurzfristig sein, aber auch noch sehr lange dauern. Wenn jedoch nicht alles schiefgeht, dann könnten wir noch im Verlauf dieses Jahres ein Baby bekommen. Wir sind zum Glück noch nicht zu alt dafür. Wir sind gespannt, zugleich aber auch unsicher.

Ich denke, dass wir gute Eltern wären. Wir erleben eine reflektierte und erfüllende Partnerschaft und sind sehr gern mit Kindern zusammen, die uns oft mögen. Doch gleichzeitig kennen wir unsere Grenzen noch nicht wirklich. Bei der Adoption muss man sich entscheiden, worauf man sich einlässt. Wir müssen vorher klären, was wir wollen und was nicht. Das ist ganz schön heftig. Sind wir zum Bespiel bereit, ein Kind aus der Babyklappe anzunehmen, bei dem klar ist, dass es nie seine leiblichen Eltern kennen lernen wird? Dies kann extreme Identitätsprobleme verursachen. Wären wir in der Lage, das zu begleiten? Oder auch ein Kind mit Behinderung? Wo läuft hier die Grenze zwischen sinnvoller Vorsicht aus Rücksicht gegenüber dem Kind und sich selbst und egoistischer Auswahl eines Kindes wie aus dem Katalog? Das sind herausfordernde Fragen, die man bei einem leiblichen Kind nie stellen muss. Wir als Paar sind daran gewachsen. Der ausführliche Antrag für die Adoption mit den eigenen Lebensberichten und die Gespräche mit der ausgesprochen kompetenten Mitarbeiterin vom Jungendamt haben unsere Partnerschaft bereichert und vertieft. Der Weg bis hierher war gut, wie auch immer er enden wird.

Was uns hilft

Die Untersuchungen und zurückhaltenden medizinischen Versuche und auch die Adoptionsanmeldung haben uns geholfen, mit der Kinderlosigkeit umzugehen. Wir haben uns nicht einfach in das Schicksal hineinbegeben, sondern etwas getan. Das ist das Wichtigste. Unsere Partnerschaft hat unter der Kinderlosigkeit bisher nicht erkennbar gelitten, eher hat sie uns noch enger zusammengebracht. Immer wieder wurden wir vor allem in den ersten Ehejahren nach Kindern gefragt und haben dann ganz offen und frei über unsere Situation erzählt. Das ist das Beste. Zum einen ist das immer auch ein weiterer Schritt, die Situation, so wie sie ist, anzunehmen. Und außerdem ist Erzählen auch ein Schritt des trauernden Verarbeitens. Zum anderen sind die Fragenden oft sehr verunsichert, weil viele ahnen, dass sie da einen sensiblen Punkt berühren. Es tut ihnen dann gut, wenn das, was sie vermuten, konkret benannt wird.

Mein Tipp an alle Außenstehenden, wenn Ihr das Thema vermutet: 1. Fragt die Betroffenen als erstes, ob sie sich überhaupt Kinder wünschen. 2. Wenn ja, aber ohne Erfolg, dann fragt sie, wie es ihnen in ihrer Situation geht. Das machen die wenigsten. Meist kommt die Frage nach den bisherigen Untersuchungen, das nervt irgendwann gewaltig. 3. Fragt nach, ob sie sich schon einmal gründlich mit der Natürlichen Empfängnisreglung beschäftigt haben. Dieses Wissen hätten wir gern viel eher gehabt.

Fruchtbarkeit ist ein Geschenk und keine Krankheit – eine Gesellschaftskritik

Der letzte Punkt ist auch ein Grund meines Ärgers über den gegenwärtigen Umgang mit dem Thema Beziehung und Fruchtbarkeit in unserer Gesellschaft. Hier werden gravierende Fehlentwicklungen deutlich, die auch wir zu spüren bekommen. So sehe ich unsere persönliche Situation auch als Ergebnis fataler sozialer und biologischer Verwerfungen unserer Zeit und bin entsprechend wütend, je mehr ich darüber nachdenke.

Es ist für jede Frau sehr einfach, herauszubekommen, wann ihre fruchtbaren Tage sind und ob es überhaupt zu einem Eisprung kommt. Etliche Jahre sind ins Land gegangen, in denen wir zumindest von unserer Seite sehr leicht die Chance auf ein Kind hätten deutlich erhöhen können. Doch dazu fehlte uns lange Zeit das Wissen. Die wenigsten Menschen kennen heute die Vorgänge der Fruchtbarkeit in ihren Körpern. Auch Ärzte erzählen es einem nicht, weil sie es teilweise selbst nicht wissen oder weil das Erklären zu viel Zeit kosten würde und sie damit kein Geld verdienen. Zumindest war das in unserem Umkreis so. Da gibt es Pillen und Spritzen statt guter Information.

Wir erleben eine Kultur, die Fruchtbarkeit nicht als einen überaus wertvollen, aber auch fragilen und schützenswerten Teil des Menschen ansieht. Stattdessen wird die Fähigkeit des Menschen, neues Leben zu schenken, wie eine Maschine gesehen, die man durch Chemie oder andere Mittel je nach Bedürfnis versucht, an- oder abzuschalten. Der kurzfristigen Lustbefriedigung werden die Körper und letztlich die Beziehungsfähigkeit geopfert. Gerade weil das alles so normal geworden erscheint, tut es mir weh, besonders wenn ich an die Jugendlichen von heute denke.

Der Zyklus eines Mädchens braucht ungefähr sieben Jahre, um sich gut zu entwickeln. Mit der Einnahme der Pille wird diese Entwicklung unterbrochen und setzt erst wieder ein, wenn die Pille abgesetzt wird. So ist es ein himmelschreiender Skandal, wenn teilweise Frauenärzte sogar Mädchen die Pille verschreiben, die nicht einmal einen Partner haben. Rein biologisch – auch mit den vielen anderen fatalen Nebenwirkungen – ist das schon eine Katastrophe, ganz abgesehen von dem ärmlichen Bild der Sexualität, das dahinter steht. Wir malträtieren die Körper der Mädchen und Frauen, damit wir Sex, dauerhafte Partnerschaft und die Entstehung von Leben weitgehend trennen können. Pillen und Medizin sollen das möglich machen. Diese müssen dann aber auch wieder ran, wenn die normalen Wege der Fruchtbarkeit scheitern.

Manchmal mussten wir uns als Paar rechtfertigen, dass wir nicht alle medizinisch möglichen Mittel für ein Kind ausschöpfen wollen. Leben und unsere Fruchtbarkeit sind für uns jedoch ein kostbares, aber unverfügbares Geschenk, sowohl bei der Entstehung, wie auch am Ende des Lebens. Das haben viele heute vergessen. Chemisch und technisch soll die Entstehung von Leben gesteuert werden. Tausende Abtreibungen hinterlassen tiefe seelische Wunden und werden fast immer vom Staat bezahlt, während Unmengen von kinderlosen Paaren gern ein Kind adoptieren würden. Alte Menschen haben Angst, dass sie ewig durch technische Geräte vom Sterben abgehalten werden. Kontrolle und Machbarkeitswahn von Anfang bis Ende.

Es fällt vielen heute schwer, zu empfangen oder loszulassen. Wie soll das aber auch geschehen, wenn nur wenige auf einen Gott vertrauen, der es letztlich gut mit uns meint und dem wir unser Leben verdanken und dem wir es auch wieder anvertrauen können. Wenn unser Leben und unsere Würde jedoch allein von unserem eigenen Wollen und Wirken abhängen, dann müssen wir es vollständig selbst kontrollieren. Unsere Kultur pflegt gleichzeitig den Selbstbetrug der Unabhängigkeit, obwohl die wesentlichen Dinge für uns Menschen gerade nicht wirklich verfügbar sind: Liebe, Freundschaften, Glück, Vertrauen und letztlich auch Beginn und Ende des Lebens. In ängstlicher Selbstbezogenheit hat unsere Zeit die grundsätzliche Dimension der Angewiesenheit des Menschen und damit letztlich die Frage nach Gott vergessen. Der Mensch denkt nur an sich und sein Bedürfnis. Die Natur, unsere Partner und Kinder werden so zu benutzten Objekten materieller und emotionaler Befriedigung. Heute Sex, dann Karriere, später Kinder und vielleicht auch eine klare Bindungsentscheidung für die Ehe. Das Warten als etwas Gutes hat unsere Gesellschaft weithin verdrängt. Der neue Fernseher wird auf Pump gekauft. Weihnachtsbäume stehen schon Anfang Dezember in den Stuben. Sex wird teilweise zum normalen Teil von wechselnden Freundschaften. Wenige fragen, was diese Haltung langfristig mit unserer Kultur, den Körpern und mit der Beziehungsfähigkeit von uns und unseren Nachkommen macht.

Unsere Kinderlosigkeit hat mich an dieser Frage der Geschlechterbeziehungen und dem gegenwärtig fatalen Umgang mit unserer Sexualität und Fruchtbarkeit besonders sensibel gemacht. Es sind gesellschaftliche Grundsatzfragen im Umgang mit Natur, Kultur und Gesellschaft, die hier verhandelt werden. Was heißt es heute, Mann oder Frau zu sein? Wie sehen tragfähige Beziehungskonzepte aus, die auch heute funktionieren können? Welche Bedeutung hat unsere Fähigkeit, neues Leben zu schenken, für dieses Geschlechterverhältnis? Wie gehen wir mit unseren Körpern um? Was passiert mit einer Gesellschaft und ihren Kindern, wo die innigste Form der körperlichen Gemeinschaft zweier Menschen zu etwas wird, dass nicht mehr Teil und Ausdruck dauerhafter Partnerschaft ist, die ein zu Hause für Kinder werden kann? Es gibt keine 100prozentig sichere Verhütungsmethode. Wer miteinander schläft, kann Vater und Mutter werden. Das ist so banal, wird aber doch offt verdrängt. So entstehen „Unfall-Kinder“ – und wir wünschen uns ein Kind. Das ist schon bitter. Doch damit finde ich mich nicht ab, sondern trage das Thema offensiv in Diskussionen. Das ist für mich ein Weg, mit unserer Situation auch konstruktiv umzugehen.

Gott?

Ein anderer Weg der Verarbeitung ist die Frage nach Gott. Warum hat er gerade uns mit diesem Schicksal konfrontiert? Da entstehen in den unmöglichsten Verhältnissen Kinder, die keiner will. Viel zu viele davon werden abgetrieben – und wir warten seit bald drei Jahren, um ein Kind adoptieren zu können. Andere setzen alles dran, um ja nicht schwanger zu werden und wir sind ein Paar, das in den Augen vieler Freunde eine glückliche und erfüllte Beziehung genießt, wo Kinder gut aufgehoben wären. Das ist einfach nicht zu verstehen und absolut ungerecht. Doch ungewollte Kinderlosigkeit kannten schon Generationen vor uns. Die Bibel erzählt etliche solcher Geschichten. Manche, aber nicht alle, enden schließlich mit einem Kind. Fruchtbarkeitskulte haben in vielen Gesellschaften eine große Bedeutung. Frauen, die nicht schwanger wurden, litten unsägliche Schmach. Ungewollte Kinderlosigkeit ist ein altes Phänomen. Das tröstet mich ein wenig. Es mildert auch etwas meinen Ärger gegenüber der heutigen Beziehungskultur, auch wenn es ihn nicht nimmt.

Doch auch Gott und sein unergründliches Wirken haben für mich einen Anteil an unserer Situation. Er hält die Welt in seiner Hand. In dieser Situation verstehe ich ihn aber kein bisschen. Dennoch vertraue ich darauf, dass es auch sein Gutes hat, was er mit uns geschehen lässt. Wenn Gott wirklich möchte, dass wir Kinder bekommen, dann wird das auch geschehen. Da mache ich mir keine Sorgen. Wir sollten uns nur nicht verschließen. Wenn er nicht will, dass wir Kinder haben, können wir auch nichts dagegen tun. Er hat dann sicher etwas Anderes mit uns vor, wo leibliche Kinder vielleicht hinderlich wären. Ich glaube, ungewollte Kinderlosigkeit ist auch ein Auftrag. Vielleicht bedeutet es, einem Kind, dessen leibliche Eltern es nicht aufnehmen können, mit ganzer Energie Eltern zu werden. Vielleicht es ist die Mitarbeit in Kirche und Gesellschaft, wo Gott uns mehr als in einer Familie braucht. Ich weiß es nicht und werde es auch nie wissen, aber ich vertraue darauf, dass Gott es gut mit uns meint – auch wenn ich ihn nicht verstehe. Wir beten ja: „Dein Wille geschehe, wie im Himmel so auf Erden". Oft bitte ich darum, dass Gott uns doch Kinder schenken möge, aber zugleich auch darum, uns zu zeigen, was denn unser Weg sein könnte, wenn wir keine „klassische Familie" werden sollen.

Wir machen es Gott aber jetzt noch einmal ganz leicht, uns ein Kind zu schenken: Wir beobachten genau den Zyklus meiner Frau. Schweren Herzens und doch mit lustvoller Spannung enthalten wir uns ein Weile bis zu den fruchtbaren Tagen und entdecken so auch die Vielfalt von Zärtlichkeit noch einmal neu. Eine faszinierende Erfahrung. Vielleicht geschieht ja noch ein kleines Wunder. Vielleicht aber auch nicht. Das liegt nicht in unserer Hand. Leben ist ein Geschenk und letztlich unverfügbar. Ich glaube, dass derjenige, der darüber am Ende entscheidet, Gutes für uns im Sinne hat. Nie werde ich das annähernd fassen können, aber diese Gewissheit tröstet und trägt im Schmerz.

Kinderlosigkeit hat auch etwas Gutes

Es ist etwas paradox. Einerseits halte ich die unterschwellige Beziehungs-, Generationen- und Kinderfeindlichkeit unserer Gesellschaft, wo Kinder teilweise erst nicht gewollt sind und später dann als kleine Götter nur die Gelüste der Erwachsenen befriedigen müssen, für eine ganz schlimme Entwicklung. Zum anderen traut sich heute ja keiner mehr zu sagen: Es geht für manche auch ohne Kinder. Es gibt auch Glück ohne Kinder. Viele Jahrhunderte lebten ganze Gesellschaftsschichten ohne eigene Kinder. Kinder waren teilweise ein Privileg bestimmter Stände.

Die Menschen ohne Kinder waren trotz oft erbärmlichen Lebens sicher nicht nur unglücklich, ganz zu schweigen vom zölibatären Leben, das manche heute noch mit Lebenssinn erfüllt. Die Kriege hinterließen ganze Generationen von Frauen ohne Männer und Kinder. Nicht alle werden ihr Leben als wertlos angesehen haben. Auch das sollte man sagen können. Vor allem in frommen Kreisen trifft man teilweise auf wenig Verständnis, wenn man meint, auch ohne Kinder ganz glücklich sein zu können. Ich antworte auf die Frage nach unserer Kinderlosigkeit oft: Es ist bitter und tut sehr weh, aber es hat auch sein Gutes. Wir genießen die Freiheit und Kapazitäten, die uns so weiter geschenkt sind. Wir können Sport treiben und engagieren uns ehrenamtlich in Kindergottesdiensten und verschiedenen anderen Projekten, wie es sonst nicht möglich wäre. Wir stehen gern Freunden zur Seite, die uns brauchen. Mein Dissertationsprojekt wäre mit Kindern sicher so nicht machbar gewesen. Unsere Situation ist nicht nur schlecht.

Manchmal sehe ich zudem Ehen, die an ihren Kindern bald zugrunde gehen. Das kann in allen Familien passieren. Manche Eltern liegen in schwerem Streit mit ihren Kindern oder haben gar keinen Kontakt mehr zu ihnen. Andere müssen gar den Verlust von Kindern betrauern. Kinder sind kein Garant von Glück. Sie sollten auch gar nicht nötig sein, um glücklich zu werden. Ich finde es schrecklich, wenn Kinder missbraucht werden, damit es den Eltern gut geht. Wirklich gute Eltern sollten auch ohne die Kinder ganz gut durch das Leben kommen. Erst dann könnten sie wirklich gute Eltern sein. Indem wir bisher ohne Kinder nicht unglücklich sind, zeigen wir doch auch, möglicherweise ganz gute Eltern sein zu können. Ein schöner Gedanke.

Ich kann mich weithin frei von Neid über die Geburt von Kindern bei Freunden freuen. Wenn wir schon bisher keine eigenen Kinder bekommen haben, dann ist es schön, wenn wenigstens anderen diese Freude geschenkt wird. Traurig werde ich viel eher, wenn sich Paare der klaren Bindung der Ehe und Kindern verweigern, wo Kinder eigentlich gut aufgehoben wären. Doch oft ist das auch nur Ausdruck der verbreiteten Angst und Unsicherheit in unser „Generation Vielleicht“, die klare Lebensentscheidungen ewig hinausschiebt.

Die Kinderlosigkeit beeinflusst unsere Kontakte. Unsere meisten Freunde, mit denen wir etwas unternehmen, sind dann doch Menschen ohne Kinder. Hier merkt man schon, wie prägend in den Beziehungen diese Dinge sind. Hierfür ist es sicher günstig, in einer Großstadt zu leben, wo es wesentlich mehr Menschen ohne Kinder aber mit ähnlichen Interessen gibt als in kleineren Orten. Da kann man als Paar ohne Kinder sicher schnell zum Außenseiter werden.

Meine Sicht in die Zukunft

Von der Vorstellung, leiblicher Vater zu werden, habe ich mich noch nicht verabschiedet, und das muss ein Mann sicher auch nicht so drastisch wie eine Frau. Die potentielle Fruchtbarkeit eines Mannes bleibt ja weitaus länger erhalten als die einer Frau, so gut oder schlecht seine Samen auch sein mögen. Das ist sicher ein sehr wesentlicher Unterschied auch für die Verarbeitung des Problems. Für die Frau bekommt die Kinderlosigkeit irgendwann etwas endgültiges, für einen Mann, auch wenn er nie fremdgehen würde, bleibt sie weiterhin zumindest eine abstrakte Möglichkeit. Deswegen ist der Schmerz der Frau sicher auch ein anderer. Ein Mann kann das Problem besser verdrängen. Doch sehr gern wäre ich mehreren Kindern ein Vater, der mit ihnen tobend die Welt entdeckt. Vielleicht muss das für immer ein Wunsch bleiben. Elternschaft und Fruchtbarkeit muss man aber nicht immer rein biologisch oder in einer Familie denken. Frucht und Kinder können ja auch geistlich und geistig verstanden werden Wir planen, als Ehepaar in die sexualpädagogische Arbeit mit Jugendlichen einzusteigen. So könnte unsere Beziehung als Mann und Frau auch anders Frucht bringen.

Doch, ein wenig hoffen wir noch auf leiblichen Nachwuchs. Ein paar Jahre normaler biologischer Fruchtbarkeit haben wir ja noch vor uns. Eventuell hat Gott ja noch ein Einsehen mit uns. Vielleicht kommt zu einem adoptieren Kind später noch ein leibliches dazu – oder auch umgekehrt. Aber möglicherweise zerschlagen sich auch diese Hoffnungen aus unterschiedlichen Gründen, die wir nicht absehen können.

Wir sind weiter bereit für Kinder, möchten sie aber nicht erzwingen. Das wäre nicht gut für uns und auch nicht für die Kinder. Dennoch würde es im Alter ohne Kinder und Enkel noch einmal sehr schwer werden. Das macht mir eigentlich die größte Sorge. Jetzt geht das alles noch irgendwie sehr gut, doch irgendwann allein im Altenheim zu sitzen und einsam Geburtstag zu feiern – das muss sehr schwer sein. Für unsere Eltern, die so gern Großeltern wären, ist das bisherige Ausbleiben der neuen Generation in der Familie auch eine Not. Meine Frau ist die einzige Tochter ihrer Eltern. Der Vater ist bereits gestorben. Da ist das noch bitterer als bei mir, der ich noch zwei jüngere Geschwister habe. Dennoch haben wir das große Glück, dass unsere Familien mit unserer Kinderlosigkeit sehr verständnisvoll umgehen und überhaupt keinen Druck ausüben. Das ist ein großer Schatz. Wir gehen unsern Weg nicht allein.

Dieser Weg ist letzten Endes für uns noch immer ein Schwanken zwischen Hoffen auf ein kleines Wunder und dem Vermeiden von weiteren schmerzenden Enttäuschungen. Dabei tauchen immer wieder Hoffnungsschimmer auf, die man aber nicht so ernst nehmen möchte, da die

Enttäuschung dann umso größer ist. Letztlich ist es ein Trauerprozess, der sich ewig lang hinzieht und elend schwer zu verarbeiten ist. Wie soll man das nicht geborene Kind auch betrauern? Das macht das Ganze ungreifbar. Zugleich hängt man sich an jede Hoffnung, ob man will oder nicht. Gelegentlich tauchen im Schlaf Träume von Kindern auf, oder auch, wie meine Frau ein Kind stillt. Ganz tief sitzt der Wunsch noch, auch wenn der Kopf sich aus Schutz schon auf den Verlust einrichten will.

So,

wie's wird,

wird's gut,

sagt einer meiner Freunde.

Benjamin

Trauer und Träume – Abschied und Neubeginn

Julia, 32 Jahre

„Frau S., ich darf Ihnen herzlich gratulieren. Sie sind schwanger!" Ein Satz wie dieser, den jeden Tag Tausende von Frauen hören, kommt mir in Bezug auf mein Leben mittlerweile vor wie eine Utopie oder eine Szene aus einem Science-Fiction-Film, in dem ich die glückliche Hauptrolle spielen darf. - Doch langsam. Wie fing alles an?

Die ersten Ehejahre

Im Jahr 2001 heiratete ich und machte mich auf eine spannende Lebensreise mit meinem Mann gefasst. Wir hatten viele Pläne, und einer unserer Träume war, einmal für einige Zeit ins entfernte Ausland zu gehen und dort zu arbeiten. Jetzt war jedoch erst einmal Deutschland angesagt mit vielen neuen Erlebnissen und Herausforderungen. Kinder waren zu diesem Zeitpunkt für mich überhaupt kein Thema. Ich mochte Kinder, aber ich freute mich darauf, die erste Zeit mit meinem Mann zu genießen, spannende Reisen zu unternehmen und mich in mein neues Leben hineinzufinden. Wir fanden für uns einen passenden Weg der Verhütung und verhüteten manchmal sogar doppelt und dreifach, da ich unter gar keinen Umständen schwanger werden wollte. Viel zu sehr verband ich damit noch die Vorstellung, als „Heimchen am Herd" zu landen, und dazu fühlte ich mich definitiv noch zu jung!

Darüber hinaus steckte ich gerade mitten in meiner Diplom-Zeit. Allerlei Prüfungen waren zu bewältigen, Themen zu recherchieren und eine Diplomarbeit zu schreiben. Eine Schwangerschaft wäre für mich zum damaligen Zeitpunkt ein Schlag ins Gesicht gewesen – wie bizarr! Ich konnte damals noch nicht erahnen, wie sehr ich mir eben dies einmal wünschen würde!

Mein Diplom schaffte ich ohne große Komplikationen, und nach einigen Monaten konnte ich mich über meine erste feste Stelle freuen. Berufserfahrungen sammeln, neue Leute kennen lernen, mich weiterentwickeln – dies alles war mir zunächst einmal sehr wichtig!

Zu diesem Zeitpunkt wurden so langsam die ersten Paare in unserem Freundes- und Bekanntenkreis schwanger, und irgendwann jagte eine Schwangerschaft die nächste. Durch die Begegnungen und Gespräche mit vielen dieser Frauen und die Gespanntheit, die mit jeder Schwangerschaft einherging, wurde ich langsam offener für das Thema Kinder. Ich lernte Frauen kennen, die ein positives Frauenbild für mich darstellten und nicht nur auf ihre Rolle als Mutter beschränkt blieben.

Hinzu kam, dass ich meine ersten Erfahrungen im Beruf gesammelt hatte und nun bereit war für eine neue Herausforderung.

Ich erinnere mich noch gerne an die Zeit, als mein Mann und ich die Verhütung absetzten und uns ganz bewusst ein Kind wünschten. Es war so spannend. Ich horchte in mich hinein und hoffte, die ersten Anzeichen einer Schwangerschaft zu finden. Jetzt sollte eine ganz besondere Zeit beginnen – ein Kind als ein Teil von dem Mann, den ich liebe und von mir – wie wunderbar. Ich hatte mir irgendwie immer ein Mädchen gewünscht und malte mir aus, wie es wohl aussehen würde und gab ihm heimlich einen Namen. Als Kind hatte ich einmal einen schönen Ring geschenkt bekommen, der mir damals jedoch leider schon zu klein war, so dass ich ihn nie tragen konnte. Als kleines Mädchen hatte ich mir vorgenommen, diesen Ring einmal meiner Tochter zu schenken, und so lag er jetzt immer noch in seinem Schmuckkästchen und wartete auf seine neue Besitzerin – unsere Tochter! Mir war durchaus bewusst, dass sich eine Schwangerschaft nicht wie auf Knopfdruck einstellt und es einige Zeit dauern kann, bis es dazu kommt. Und so blieb ich die ersten Monate noch recht gelassen und entspannt und lebte voller Vorfreude auf unser erstes Kind hin.

Die Zeit vergeht…

Die Monate gingen ins Land, und ich erinnere mich noch gut an einen Tag, an dem wir gemütlich mit Freunden in deren Wohnung zusammen saßen. Ich hatte mich mit meiner Freundin aufs Sofa gekuschelt und wir plauderten munter daher. Sie wusste von unserem Kinderwunsch und irgendwann erzählte ich ihr, dass nun doch schon einige Zeit ins Land gegangen sei und ich einfach nicht schwanger wurde. An diesem Tag kam mir zum ersten Mal der Gedanke, dass wir womöglich keine Kinder bekommen könnten. Dieser Gedanke zog wie ein stiller, aber starker Schmerz in mein Herz, und ich verdrängte ihn sofort. Nein, das konnte unmöglich sein. Das wäre einfach zu furchtbar. So etwas passiert vielleicht anderen Leuten, aber nicht uns. Wie naiv!

Nachdem etwa neun Monate ins Land gegangen waren und sich nichts tat, fingen wir an, unsere Ärzte zu konsultieren. Ich hatte mir bis dahin schon einiges zum Thema unerfüllter Kinderwunsch angelesen und wusste, dass man erst nach einem Jahr des „Versuchens“ von Unfruchtbarkeit spricht, aber so lange wollten wir nicht mehr warten. Ich ging zu meiner Gynäkologin, die verschiedene Hormonuntersuchungen in verschiedenen Phasen meines Zyklus machte, um zu schauen, ob der Hormonhaushalt ausgewogen ist. Das Ergebnis war positiv: Jedes Hormon war da, wo es sein sollte. Kein Grund zur Beunruhigung!

Nun war mein Mann an der Reihe. Er ließ sich ebenfalls untersuchen und kam schon bald darauf mit dem Ergebnis nach Hause. Er bekam es an einem ganz gewöhnlichen Tag. Ich hatte nicht mehr viel Zeit, bevor ich zur Arbeit musste und so setzten wir uns „mal eben schnell“ ins Wohnzimmer. Mein Mann berichtete mir, dass das Ergebnis extrem schlecht sei, und es wenig Hoffnung gäbe, auf natürlichem Wege ein Kind zu bekommen. Der behandelnde Urologe sagte meinem Mann jedoch auch, dass es nicht ganz ausgeschlossen sei, vielleicht hätten wir so in zwei Jahren Glück.

Heute frage ich mich, wie er so unsensibel sein konnte, uns so einen Zeitrahmen zu nennen, wo doch sowieso nur eine geringe Chance auf eine Schwangerschaft bestand. Diese zwei Jahre Hoffnung waren seit diesem Tag immer in meinem Kopf. Er empfahl uns zudem, uns einen Zweisitzer zuzulegen, damit wir uns nicht zu sehr auf den Kinderwunsch fixierten. Darüber hinaus erwähnte er etwas von ICSI, einer bestimmten Methode der künstlichen Befruchtung, die für uns in Frage käme, von der wir jedoch damals noch keinen blassen Schimmer hatten.

Über diese Diagnose redeten wir zwischen Tür und Angel, da die Zeit drängte und ich pünktlich auf der Arbeit erscheinen wollte. Es blieb keine Zeit zum Weinen, Fluchen, Schreien oder Schweigen. Der Alltag wollte weiter bewältigt werden. Hinzu kam jedoch auch, dass ich die Tragweite der Diagnose nicht begriff. Natürlich hatte mein Gehirn die Worte meines Mannes aufgenommen, aber mein Herz blieb davon nahezu unberührt. Es konnte oder wollte noch nicht begreifen, was das für uns in allerletzter Konsequenz bedeuten sollte.

Die Option künstliche Befruchtung

Im Laufe der Zeit erkundigten wir uns über ICSI, IVF und sonstige Behandlungsmethoden der künstlichen Befruchtung. Dies alles kam mir manchmal vor wie in einem Science-Fiction-Film mit komischen Mars-Menschen in weißen Kitteln, die Kinder in Reagenzgläschen herstellen können. Doch je mehr ich mich erkundigte, desto mehr stellte ich fest, wie weit die Forschung schon gekommen war, und dass die künstliche Befruchtung für Millionen kinderloser Paare ein riesengroßer Hoffnungsschimmer ist. Ich betrachtete sie jedoch immer mit einer gewissen Distanz und konnte mir nicht wirklich vorstellen, auf so künstlichem Wege ein Kind zu bekommen.

Dennoch wollten mein Mann und ich uns soweit wie möglich informieren. So besuchten wir ca. ein halbes Jahr nach der Diagnose in einem Kinderwunschzentrum in unserer Nähe einen Informationsabend zum Thema. Hier wurde plötzlich offensichtlich, wie viele Menschen sich ein Kind wünschten. Es erschienen viele unterschiedliche Paare, um sich zu informieren. Immer noch spielte sich für mich alles auf einer recht sachlichen Ebene ab, obwohl ich eigentlich ein zutiefst emotionaler Mensch bin.

Kurz nach diesem Abend hatten wir ein persönliches Gespräch mit einer Ärztin des Kinderwunschzentrums. Wieder trafen wir auf vielfältigste Paare in der Praxis. An den Wänden hingen überall Babyfotos, meist von Zwillingen oder Drillingen. Die Ärztin beriet uns auf einer sehr sachlichen Ebene und riet meinem Mann und mir zu einer gründlicheren Untersuchung, um wirklich eine fundierte Diagnose stellen zu können. So ließ mein Mann nochmals eine Untersuchung über sich ergehen. Das Ergebnis bekamen wir im Januar 2007. Ich weiß dies noch so genau, da ich an diesem Tag 30 wurde.

Wir hätten auch einen Tag später um das Ergebnis bitten können, doch die Ungewissheit nagte zu sehr an uns. Und so wurde meinem Mann dann telefonisch mitgeteilt, dass der Befund tatsächlich sehr schlecht sei und es wie ein Sechser im Lotto wäre, wenn wir auf natürlichem Wege ein Kind bekommen würden. Das saß! Anders als bei der ersten Untersuchung und Diagnose, fing ich nun langsam an zu begreifen, dass wir eines jener ungewollt kinderlosen Paare waren und immer bleiben würden!

Meine Trauerarbeit

Damit kam ein Prozess in Gang, der bis heute anhält und wahrscheinlich sogar bis an unser Lebensende. Als Mensch, der immer Gott in sein Leben integriert hatte und wusste, dass er das Gute in Person ist, wurde er nun für mich zum Hoffnungsschimmer und Halt. Ich konnte Gott nicht anklagen, sondern sah ihn wie einen starken Felsen mitten im tosenden Meer meines Lebens. Mein Halt, mein Schutz. In dieser Zeit schöpfte ich unendlich viel Trost, weil ich wusste, dass er da ist und alles unter Kontrolle hat. Und ich wusste, dass er Wunder tun könnte. Ein Kind zu bekommen, käme bei uns einem Wunder gleich.

Eines Tages besuchte uns ein Ältester unserer Gemeinde. Er betete über uns und salbte mich mit Öl und bat Gott, uns ein Kind zu schenken. Doch nichts geschah! Meine Menstruation blieb mir Monat für Monat eine treue Begleiterin. Langsam setzte es sich in meinem Bewusstsein immer mehr fest, dass wir wirklich niemals Eltern werden würden. Doch warum? Es gibt so viele Frauen, die keine Kinder wollen und doch ein Kind nach dem anderen bekommen. Wieso nicht wir? Wieso gibt es Paare, die ihre Kinder nach der Geburt töten und in der Erde verscharren, während wir alles für unser Kind geben würden? Wieso die? Wieso nicht wir? Kinder sind doch ein Segen Gottes. Sind wir nun nicht gesegnet? Enthält uns Gott seinen Segen vor? Sind wir nicht gut genug? Haben wir etwas falsch gemacht? Wenn Paare Kinder bekamen und andere dann sagten: „Ihr seid gesegnet", dann hat es mich jedes Mal total wütend gemacht. Und wir? Was ist mit uns? „Gott, was hast Du mit uns vor?"

Es tat gut, diese Wut rauszulassen. Ich merkte in dieser Zeit, dass ich gerade im Begriff war, die typischen Trauerphasen zu durchleben. Angefangen vom Nicht-Wahrhaben-Wollen, über die Wut bis hin zum „Sich-Ergeben" vollzog sich in mir ein ganz natürlicher innerer Prozess und ich wusste, dass es wichtig war, jede Phase zu durchleben.

In dieser Zeit flatterten ständig Geburtsanzeigen in unser Haus, Bilder von glücklichen Eltern und süßen Babys. Viele Freundinnen wurden schwanger und brachten ihr erstes Kind zur Welt. Es gab Tage, an denen ich innerlich fast verging vor Schmerz und am liebsten davongerannt wäre. Das Glück der Anderen ständig so real vor Augen zu haben, tat weh. Dennoch konnte ich mich irgendwann auch wieder mit freuen und ich tat alles, um in meinem Herzen keine bittere Wurzel entstehen zu lassen. Jedes Kind kam mir in dieser Zeit, noch mehr als vorher, wie ein Wunder vor.

Anstatt mich zurückzuziehen, ging ich vorwärts. Ich ging in Kinderabteilungen, um Kleider für die neugeborenen Babys meiner Freundinnen zu kaufen, bestellte im Internet Geschenke usw. Mein Mann bezeichnete dies irgendwann als „fast sadistisch" und ich musste auch feststellen, dass ich die Kleider nicht nur kaufte, um meinen Freundinnen eine Freude zu machen, sondern, weil ich so etwas auch einmal nacherleben wollte. Ich wollte erleben, wie es ist, ein Kleidchen, ein Kuscheltier oder andere Dinge zu kaufen und brauchte diese Phase, um mit meiner Trauer umgehen zu können.

Gleichzeitig begann ich auch, all das Gute in meinem Leben zu sehen, dass Gott mir bisher geschenkt hat. Eine gute Freundin von mir war mit 27 Jahren an Krebs gestorben, sie hat so gelitten. Ich bin gesund, habe einen Mann, der mich liebt, Freunde, die zu mir halten und habe bisher ein sehr beschütztes Leben geführt. Sollte ich nun alles von dem einen großen Wunsch, der sich nicht erfüllt, beherrschen lassen? Das wollte ich nicht. Dennoch wusste ich, dass es wichtig war, meine Wut und meinen Schmerz rauszulassen und nicht zu vergraben. Was mir in dieser Zeit auch half, war, realistisch zu bleiben. Natürlich lieben meine Freundinnen ihre Kinder, aber ich bekam auch oft genug mit, wie nervenzehrend, schlafraubend und eheangreifend Kinder sein können. Es ist mit Kindern nicht nur alles schön und harmonisch, und dies sagte ich mir immer wieder. Dennoch würde ich all das natürlich gerne in Kauf nehmen, das ist klar.

In dieser Zeit wurde ich zum ersten Mal Patentante. Es war eine Ehre für mich, dass ich als kinderlose Frau dazu auserwählt worden war, und ich freute mich riesig. In den folgenden Jahren wurde ich noch zweimal als Patentante angefragt und bin stolz auf „meine drei Mädels“. Eines meiner Patenkinder durfte ich kurz nach der Geburt noch im Kreißsaal sehen, was ich als wunderbares Geschenk empfand. Darüber hinaus versuchte ich, so oft wie möglich am Familienleben unserer Freunde teilzunehmen. Meine eigene Herkunftsfamilie wurde mir wieder wichtiger. Ich betrachte es noch heute als ein Geschenk Gottes, dass er uns immer wieder Kinder anvertraut, die bei uns übernachten und uns wenigstens ein bisschen spüren lassen, dass wir keine schlechten Eltern geworden wären.

Aber es gab auch Tage, die voller Traurigkeit waren. Die Wohnung war oft nach dem Besuch eines Übernachtungskindes so schrecklich still und ich brauchte jedes Mal etwas Zeit, um mich wieder an diese Stille zu gewöhnen. Unüberlegte Kommentare von anderen Menschen, die endlose Freude in den Augen einer Frau, die schwanger ist, Angst vor der Zukunft usw. Wie durch ein Wunder wuchsen mein Mann und ich in dieser Zeit sehr stark zusammen, und ich wollte nicht, dass er sich als der „Verursacher“ sah. Es wäre aber unehrlich, nur von dieser positiven Seite zu berichten. Natürlich gab es auch in unserer Ehe schlechte Tage, und ich dachte hin und wieder, dass ich von einem anderen Mann nun schon Kinder hätte. Diese Gedanken gehören zu unserem Menschsein dazu und sie aufzuschreiben, ist beschämend, aber wichtig. Ich kämpfte mich nach diesen Gedanken immer wieder hin zu meinem Mann, denn schließlich wollte ich mit ihm ein Kind und nicht mit irgendwem. Was uns in dieser Zeit sehr half und immer noch hilft, war, schöne Dinge miteinander zu unternehmen, die auch ruhig etwas Geld kosten konnten.

Wenn wir schon kein Kind hatten, dann wollten wir es uns wenigstens so richtig gut gehen lassen. Wir verbrachten wunderbare Urlaube in Südamerika oder Afrika, fuhren spontan für eine Woche in die Schweiz, gönnten uns Wellnesstage, gingen abends zusammen essen oder in Konzerte. Wir taten bewusst Dinge, die man mit Kindern nicht einfach so unkompliziert tun kann, und brauchten dies, um für uns einen kleinen „Ersatz“ zu haben und das Gefühl, dennoch das Leben zu genießen und das Schöne wahrzunehmen. Viele unserer Freunde hatten inzwischen Kinder und mit Freunden auszugehen, wurde in dieser Zeit immer schwieriger. Sie konnten oft spontan keinen Babysitter auftreiben oder waren abends zu müde, um noch einmal rauszugehen. Dies ist eine

Situation, die wohl viele kinderlose Paare erleben. Hin und wieder ist man ganz schön allein!

In unserer Gemeinde, in der ein Kind nach dem anderen geboren wurde, ging ich irgendwann sehr offen mit unserer Kinderlosigkeit um. Ich zeigte meine Tränen und meinen Kummer, auch um auf kinderlose Paare im Allgemeinen aufmerksam zu machen und dieses Thema aus der Tabuzone heraus zu holen.

Die Option Adoption

Kurz nachdem wir uns eingehend mit der künstlichen Befruchtung beschäftigt hatten, rückte das Thema Adoption in unser Blickfeld. Vielleicht konnten wir einem Kind ein Zuhause bieten, das ohne uns keines gehabt hätte. Wir besuchten ein Seminar für werdende Pflege- und Adoptiveltern, das uns gründlich über die Hintergründe einer Adoption informierte. Hier trafen wir auf Paare, die schon eigene Kinder hatten und auf Paare, die wie wir ungewollt kinderlos waren. Ich weiß noch, dass ich im Stillen oft dachte, dass wir ungewollt Kinderlosen ja wohl als erstes ein Anrecht auf ein Kind hätten…

Viele der anwesenden kinderlosen Paare hatten schon einen langen Leidensweg der künstlichen Befruchtung hinter sich und sie sahen nun eine Adoption als letzte Chance. Viele sagten uns, wir sollten es doch erst einmal mit einer künstlichen Befruchtung versuchen, aber irgendwie kam dies für uns nicht in Frage. Später sollte es noch oft passieren, dass wir uns fast dafür rechtfertigen mussten, dass wir nie eine künstliche Befruchtung probiert hatten.

Nach Abschluss des Seminars bekamen wir ein Zertifikat und hatten den Eindruck, wirklich schonungslos und gut informiert worden zu sein. Jedoch fanden wir keinen Frieden. Aus vielen Erzählungen und auch aus meiner Berufspraxis wusste ich, dass ein angenommenes Kind eine ganz neue Lebensaufgabe bedeutete und erst einmal nicht mehr viel Raum für anderes ließ. Wollten wir das wirklich? War unser Kinderwunsch wirklich so stark? - In dieser Zeit passierten plötzlich einige neue, interessante Sachen, die unser Leben nicht unbedingt leichter, aber dafür weiterhin spannend machten.

Neue alte Träume

Die Diagnose der Kinderlosigkeit stellt ein Paar vor unheimlich viele Fragen und Entscheidungen. Künstliche Befruchtung? Wenn ja, wie oft? Adoption oder Pflege? Es gibt viel zu überlegen, zu informieren und zu entscheiden. Manchmal zu viel. Die bisherige Lebensplanung gerät ins Wanken. Zwar war es nie unser größter Wunsch, einmal ein Kind zu haben, und doch gehörte es zu unserem Lebenskonzept ganz selbstverständlich hinzu. Durch unsere Kinderlosigkeit mussten wir unser Leben noch einmal neu „entwerfen", und so kamen Träume, die in den letzten Jahren sehr in den Hintergrund gerückt waren, ganz neu zum Vorschein.

Sowohl mein Mann als auch ich hatten schon einmal unabhängig voneinander für einige Zeit im Ausland gelebt. Diese Zeit hatte uns so geprägt und begeistert, dass wir danach den Wunsch verspürten, einmal für längere Zeit ins Ausland zu gehen. Durch unseren ganz normalen Alltag war dieser Wunsch irgendwann in den Hintergrund gerückt und kam nun wieder an die Oberfläche. Wenn wir keine Kinder haben würden, dann wäre es viel, viel leichter ins Ausland zu gehen. Ich bin von Natur aus ein recht ängstlicher Mensch und glaube, dass ich nicht den Mut hätte, mit Kind in ein entferntes Land zu gehen, in dem die medizinische Versorgung längst nicht so gut ist wie in Deutschland. Hinzu kam der starke Wunsch, etwas Bedeutungsvolles zu tun und all die Kraft und Energie, die wir in unser Kind gesteckt hätten, nun in etwas anderes zu investieren. In diese Überlegungen hinein geschah ein kleines Wunder. In einem Urlaub am Meer wurde meinem Mann folgender Bibelvers plötzlich in einer stillen Stunde total wichtig:

> *Rühme, du Unfruchtbare, die du nicht geboren hast! Freue dich mit Rühmen und jauchze, die du nicht schwanger warst! Denn die Einsame hat mehr Kinder, als die den Mann hat, spricht der HERR. Mache den Raum deines Zeltes weit und breite aus die Decken deiner Wohnstatt; spare nicht! Spann deine Seile lang und stecke deine Pflöcke fest! Denn du wirst dich ausbreiten zur Rechten und zur Linken, und deine Nachkommen werden Völker beerben und verwüstete Städte neu bewohnen (Jes. 54, 1-4)*

Es war ihm, als hätte Gott direkt durch diesen Vers zu uns gesprochen. Einige Monate später wurden wir durch eine Organisation angefragt, ob wir uns vorstellen könnten, in einem Projekt in Südamerika mitzuarbeiten. Plötzlich hatte sich unsere Lebensrichtung wieder völlig geändert. ICSI und Adoption waren weiter weg gerückt, und Gott gebrauchte unsere Urlaube und Erfahrungen der letzten Jahre, um uns einen neuen Weg zu zeigen. Viel ist seither geschehen, und es folgte noch eine andere Option: im Ausland. Wir haben uns noch nicht endgültig entschieden, sondern sind mittendrin im Prozess des Entscheidens. Viele neue Optionen für ein kreatives Leben haben sich uns ergeben, und es ist wirklich erstaunlich, wie sich unser Leben in den letzten drei Jahren verändert hat. Es sind Dinge, die nicht offensichtlich sind, sondern im Stillen vonstattengegangen und doch von großer Bedeutung sind. Ich glaube, dass unser Schmerz für uns eine Quelle der Energie und Inspiration war, um neue Wege in Angriff zu nehmen und alte Träume aufleben zu lassen.

Die Kinderlosigkeit hat in mir eine Trauer hinterlassen, die bis an mein Lebensende anhalten wird. Nie werde ich ein Kind in meinen Armen halten dürfen, das ein Teil von mir ist. Oder doch? Die Hoffnung stirbt zuletzt. Wie oft hat mich dieser Satz inzwischen schon begleitet. Ich habe Angst vor der Zeit der Wechseljahre, in der offensichtlich werden wird, dass es nun nicht mehr möglich ist, ein Kind in die Welt zu setzen. Aber bis dahin werde ich hoffen. Auch wenn mein Verstand mir immer wieder sagt, dass es nicht möglich ist, hofft mein Herz auf ein Wunder.

Ich möchte nicht verzagen und verbittern und meinen Blick nicht nur auf das lenken, was ich nicht habe. Nein – ich möchte das sehen, was an Schönem und Gutem schon in meinem Leben passiert ist und will dafür dankbar sein. Oft ist das keine Herzensangelegenheit, sondern eine ganz bewusste Entscheidung, die Dinge so zu sehen. Mein Leben bleibt spannend – ich möchte es bewusst leben als Frau, die von Gott geliebt ist. Als vollwertige Frau auch ohne Kinder, denn unser Wert ist nicht abhängig davon, ob wir Kinder bekommen oder nicht. Eines Tages werde ich Gott fragen, warum er mir nie ein Kind geschenkt hat. So viele Fragen sind noch offen. Aber bis dahin will ich leben – bedeutungsvoll, genießend, aber mich auch meiner Trauer stellend.

Ich habe oft überlegt, ob ich den Ring, der einmal meiner Tochter gehören sollte, einem anderen Mädchen schenke. Letztendlich habe ich mich jedoch dagegen entschieden. Dieser Ring gehört zu meinem Leben und symbolisiert eine Leere, erinnert mich an das Kind, das ich mir immer gewünscht habe. Er steht für mich aber auch für viele, kleine Wunder, die Gott mir geschenkt hat und für Träume, die wieder neu lebendig wurden.

Entscheidung nach zwei Jahren

Seit dem Schreiben meiner Geschichte sind zwei Jahre vergangen.

Nachdem wir etliche Optionen, ins Ausland zu gehen, nie mit einem wirklich tiefen inneren Frieden bejahen konnten, trat erstaunlicherweise doch das Thema Adoption bzw. Pflegschaft wieder in unser Leben. Wir trafen „zufällig" eine Frau, die beim Jugendamt für die Pflegschaften in unserer Stadt zuständig war. Sie fragte uns ganz offen, ob dies für uns nicht interessant wäre. Irgendwie ging uns die Begegnung mit der Frau nicht mehr aus dem Kopf, und so beschlossen wir, das Bewerbungsverfahren zu durchlaufen, das alle adoptionswilligen Paare durchlaufen müssen. Es war eine interessante Zeit, in der wir viele Fragen für uns klärten und am Ende der Gespräche war uns klar, dass wir nun doch sehr, sehr gerne auf diesem Wege Eltern werden wollten. Wichtig war uns, ein möglichst kleines Kind bei uns aufzunehmen, damit wir noch viel prägen konnten. Wir bewarben uns bei drei Jugendämtern und warteten gespannt ab, was passieren würde. So richtig gerechnet haben wir irgendwie doch nicht mit einem Anruf, aber dann kam er. Uns wurde ein Geschwisterpärchen „angeboten" und wir fuhren zu einem ersten Kennlerntreffen. Nach diesem Treffen war uns jedoch klar, dass uns zwei Kinder auf einmal zu viel waren für den Anfang und irgendwie sprang auch der „Funke" nicht so richtig über. Es war schwer, uns gegen die Kinder zu entscheiden, aber inzwischen wissen wir, dass es gut so war.

Kurze Zeit später ereilte uns der zweite Anruf. Ein 6 Wochen altes Mädchen sollte sobald wie möglich in einer Pflegefamilie untergebracht werden und dies auf Dauer. Mein Mann hatte den Anruf entgegen genommen und als er mir später davon berichtete, da war plötzlich völlig klar: „Das ist unser Baby!" Erstaunlicherweise trug das Mädchen auch noch den Namen, den ich mir für mein eigenes Kind immer gewünscht hatte. Am Morgen des Anrufes las mein Mann einen Vers aus der Bibel. „Wer ein Kind in meinem Namen aufnimmt, der nimmt mich auf." Ich hatte Gott am Tag zuvor um Klarheit auf unserem Weg angefleht und nun plötzlich diese absolute Gewissheit. Ca. 10 Tage später waren wir plötzlich Eltern von Anna. Unser Leben wurde völlig auf den Kopf gestellt und wir lieben Anna wie unser eigenes Kind. Sie ist die beste Entscheidung, die wir je getroffen haben. Obwohl wir sie nicht adoptieren können, wird sie dauerhaft bei uns leben.

Ich möchte anderen Paaren hiermit Mut zusprechen, vielleicht auch diesen Weg in Betracht zu ziehen. Es gibt genug Menschen, die immer wieder auf die Schwierigkeiten hinweisen, die durch ein aufgenommenes Kind entstehen können und natürlich ist unsere Tochter geprägt worden durch ihre Geschichte. Jesus sagt aber auch: "Siehe, ich mache alles neu!". Wir haben als kinderlose Paare die Möglichkeit, einem elternlosen Kind ein Zuhause zu geben, und wir persönlich sind mehr als glücklich und dankbar, diesen Weg gegangen zu sein. Wir haben Frieden geschlossen mit unserer Geschichte, und ich freue mich auf den Tag, an dem Anna den Ring tragen wird.

Denn meine Gedanken
sind nicht
eure Gedanken

und eure Wege
sind nicht
meine Wege,

spricht der Herr,

sondern
so viel der Himmel
höher ist
als die Erde,

so sind auch
meine Wege
höher
als eure Wege

und meine Gedanken
höher
als eure Gedanken.

Jesaja 55, 8-9

Das Wunschkind stirbt, bevor es leben darf

Rea, 34 Jahre

Ich bin in einer Großfamilie mit fünf Kindern aufgewachsen, und es war für mich immer klar, dass ich früh Kinder haben wollte – etwa vier. Ich wollte mich erst um die Kinder kümmern, und wenn die dann aus dem Haus sind, noch einmal eine Ausbildung anfangen. Meine Mutter hatte das genau so gemacht, und ich fand das eine gute Sache.

Nach unserer Hochzeit haben wir nur im ersten Jahr verhütet, danach nicht mehr. Zwar haben wir nicht ganz so regelmäßig miteinander geschlafen, aber spätestens so nach drei bis vier Jahren machte ich mir dann schon die ersten ernsthaften Gedanken. Ich dachte, es geht mir wie meiner Mutter – sofort schwanger werden… Aber richtig Gedanken hab ich mir erst gemacht, als ich schwanger wurde, und dann mein Kind in der elften Woche verloren habe. Es durfte sein Leben nicht leben. Deshalb nenne ich das Leben meines Kindes ein ungelebtes Leben.

Nachdem ich mein Kind verloren hatte, tat ich erst mal gar nichts. Ich musste das Ganze erst verkraften. Aber so nach ungefähr einem Jahr sprach ich meinen Mann darauf an, dass ich nun wirklich was machen möchte, um wieder schwanger zu werden. Aber da stieß ich auf Granit. Er hat mir schon lang gesagt, dass er nicht unbedingt Kinder will. Wenn es „einfach so“ passieren würde, könnte er es akzeptieren, aber er will keine Untersuchungen machen, oder gar eine künstliche Befruchtung.

Ich habe mich wegen Endometriose operieren lassen und nehme Gelbköperhormon ein (ich habe eine Gelbkörperhormon-Schwäche und deswegen vermutlich auch mein Kind verloren). Aber darüber hinaus unternehme ich nichts. Meinen Mann stresst das zu sehr, und ich will wegen meines Kinderwunsches nicht noch meine Ehe aufs Spiel setzen, wenn ich meinen Mann zu etwas dränge, was er nicht will … Und theoretisch ist es ja noch immer möglich, dass ich schwanger werde. Eine kleine Hoffnung bleibt. Ich weiß aber nicht, ob das Fluch oder Segen ist.

Adoption und Kinder

Über Adoption habe ich nie ernsthaft nachgedacht. Es ist einfach nicht dasselbe wie ein eigenes Kind, und auch mein Mann würde dem nie zustimmen. Darum ist das für mich keine Option.

Als mir bewusst wurde, dass ich wohl vielleicht nie selber Mutter sein würde, ging ich sehr auf Abstand zu anderen Kindern. Ich hatte Angst, dass es mir weh tun würde, das Glück anderer Familien zu sehen. Und auf der anderen Seite tat es mir auch weh, dass mich noch nie jemand gefragt hatte, Patentante zu werden. Ich fühlte mich zusätzlich als Versager. Lange war ich hin- und hergerissen zwischen Gefühlen wie „Angst vor dem Schmerz“ und „Traurig, dass mir niemand so eine Aufgabe zutraut“.

Erst jetzt versuche ich langsam, von mir aus auf Kinder zuzugehen. Gerade mit meinem kleinen Hund geht das sehr einfach. Er liebt Kinder über alles, und Kinder lieben ihn. So kann ich ihnen kaum mehr ausweichen. Und das ist gut so.

Meine schwangeren Schwestern

Ende letzten Jahres habe ich dann erfahren, dass meine Schwester schwanger ist. Es war ein großer Schreck für mich. Aber zum Glück war sich meine Schwester meiner Gefühle sehr gut bewusst. Sie hatte mich als erstes über ihre Schwangerschaft informiert, noch bevor meine anderen Geschwister oder gar unsere Eltern etwas davon erfahren haben. So hatte ich genügend Zeit, mich in aller Ruhe an den Gedanken zu gewöhnen. Und ich wusste, dass ich mich nun zwischen zwei Wegen entscheiden musste. Entweder, ich ziehe mich zurück, bin beleidigt, und breche den Kontakt ab, oder ich mache einen Schritt nach vorn, gehe auf meine Schwester zu, bitte sie, mich in den ganzen Prozess einzubeziehen und stelle mich dem Schmerz.

Ich wählte den zweiten Weg. Und meine Schwester macht es mir so einfach. Sie zeigt Verständnis, wenn ich Mühe mit bestimmten Themen habe, und ich fange an, mich ganz ehrlich mit ihr zu freuen.

Der ganze Prozess war am Anfang ein absoluter Kopf-Entscheid. Ich wollte Anteil haben an ihren Gefühlen und Gedanken. Egal, wie weh es mir am Anfang tat, ich freute mich mit ihr, fragte von mir aus nach, wie es ihr denn geht, und ob alles in Ordnung ist. Inzwischen ist es auch absolut eine Herz-Sache. Es ist mir wirklich ein Anliegen geworden, zu wissen, wie sie sich fühlt. Und das gibt mir eine unglaubliche Freiheit. Meine negativen Gefühle haben nicht länger Macht über mich. Das war ein Prozess. Aber ich bin froh und dankbar, dass ich diesen Weg gegangen bin.

Inzwischen ist auch eine weitere Schwester schwanger. Es war wieder ein kleiner Stich in mein Herz. Aber ich kam schnell mit der Situation klar. Am Anfang war es noch mal kurz ein Willensentscheid. Aber inzwischen ist es auch eine Herzenssache

Meine lieben Mitmenschen

Lange, lange habe ich meiner Umgebung nichts gesagt. Ich wich den Fragen wie „Wann wollt ihr Kinder?“ oder „Wollt ihr überhaupt Kinder?“ oder „Warum habt ihr noch keine Kinder?“ aus. Niemand wusste von meinem Kummer, nicht mal meine Eltern. Erst als ich mein Kind verlor, änderte sich das, und ich redete ziemlich offen über meinen Wunsch und die Probleme, die ich damit habe.

Und wenn mich jetzt jemand Außenstehendes nach meiner Familienplanung fragt, kann es gut sein, dass ich ihm eine schlagfertige Antwort gebe, damit er merkt, für wie deplaziert ich seine Frage halte.

Mit meinem Mann rede ich eher selten darüber. Er kennt meinen Wunsch, und ich weiß, dass er nicht gerade scharf darauf ist, Vater zu werden. Wenn's passiert, ist es OK, aber ohne fremde Hilfe… Das ist zwar schon schwer für mich, aber ich denke, dass ich damit leben kann. Für mich heißt es da einfach wieder, die Last bei Gott abzuladen. Mit ihm kann ich meinen Kummer besprechen, den Schmerz, die Hoffnung. Und ich weiß einmal mehr, dass nicht immer alles in meinen Händen liegen muss. Wegen der Einstellung meines Mannes sind mir die Hände gebunden. Und darum kann ich meinen Wunsch auch bei Gott abgeben, ohne das Gefühl zu haben, ich würde selber nicht genug tun, meinen Wunsch Wirklichkeit werden zu lassen. Mein Mann ist doch, mal ganz abgesehen von meinem Kinderwunsch, mein Wunsch-Partner.

Oft mache ich mir Gedanken darüber, wie Gott über die Sache denkt. Auf der einen Seite erhört er mein Gebet mit meinem Herzenswunsch nicht. Das macht mich traurig, manchmal etwas unsicher, und hin und wieder auch wütend. Aber auf der anderen Seite ist Gott mein Trost, mein Halt, mein Fels, der mich durch diese schwere Zeit trägt.

Und vor allem weiß ich, dass ich nun ein Kind im Himmel habe, das auf mich wartet. Das ist eine zusätzliche Motivation, ihm ganz zu vertrauen, und meine Hoffnung nicht ganz aufzugeben. Und durch meine Erfahrungen mit meiner schwangeren Schwester bin ich irgendwie noch viel näher zu Gott gekommen. Ich habe den Weg der Versöhnung und des Entgegenkommens gewählt. Und Gott segnet diesen Weg mehr, als ich mir erhofft hatte…

Und heute?

Wo ich jetzt stehe - das ist noch sehr wechselnd. Manchmal komme ich gut mit der Situation klar und kann auch gut darüber reden. Aber manchmal holt mich der Schmerz wieder ein, und ich finde die ganze Sache so ungerecht und gemein. (Alle anderen Frauen haben Kinder – nur ich nicht…)

Kürzlich habe ich auch wegen des Kinderwunsches für mich beten lassen. Ich weiß jetzt nicht, was Gott mit mir vor hat. Meine Allergie, unter der ich jahrelang gelitten hatte, hat er jedenfalls schon mal geheilt

– von einem Moment auf den anderen. Und ich hoffe sehr, dass er mich bald mit einem Kind beschenkt. Aber ich bin offener geworden für das, was er mit meinem Leben wirklich vor hat. Ob mit oder ohne Kinder – meine Beziehung zu Jesus, mein Vertrauen in ihn, und mein Glaube, dass er alles genau perfekt machen wird, ist mir einfach das Wichtigste: egal, ob mit oder ohne Kinder.

Natürlich ist mein Wunsch noch immer sehr groß. Und er wird auch kaum verschwinden, solange ich im gebärfähigen Alter bin. Aber ich will Gott vertrauen, dass er mich schon den richtigen Weg führen wird und mir auch die Kraft dafür gibt.

Rückblick und Denkanstoß

Was ich anders machen würde? Ich würde auf jeden Fall früher mit den Abklärungen anfangen! Niemals mehr würde ich sieben Jahre warten, bis ich Dinge in die Wege leite!

Und vielleicht würde ich vor der Hochzeit das Thema Kinder intensiver besprechen, und nicht mehr automatisch annehmen, der Partner will sowieso auch Kinder.

Aber mein Weg ist nun mal so, wie er ist. Ich bin im Rückblick Gott sehr dankbar für alles, was er für mich getan hat. So war z. B. der Verlust meines Kindes nicht nur schrecklich und schlimm, sondern in verschiedener Hinsicht für mich auch eine gute Erfahrung. Ich spürte Gottes Nähe ganz besonders (nein, das ist kein Widerspruch!), und ich bin auch sensibler geworden, was das Leid anderer Menschen betrifft. Und – ich schaue mit Hoffnung, Vertrauen und einer gewissen Neugierde in die Zukunft.

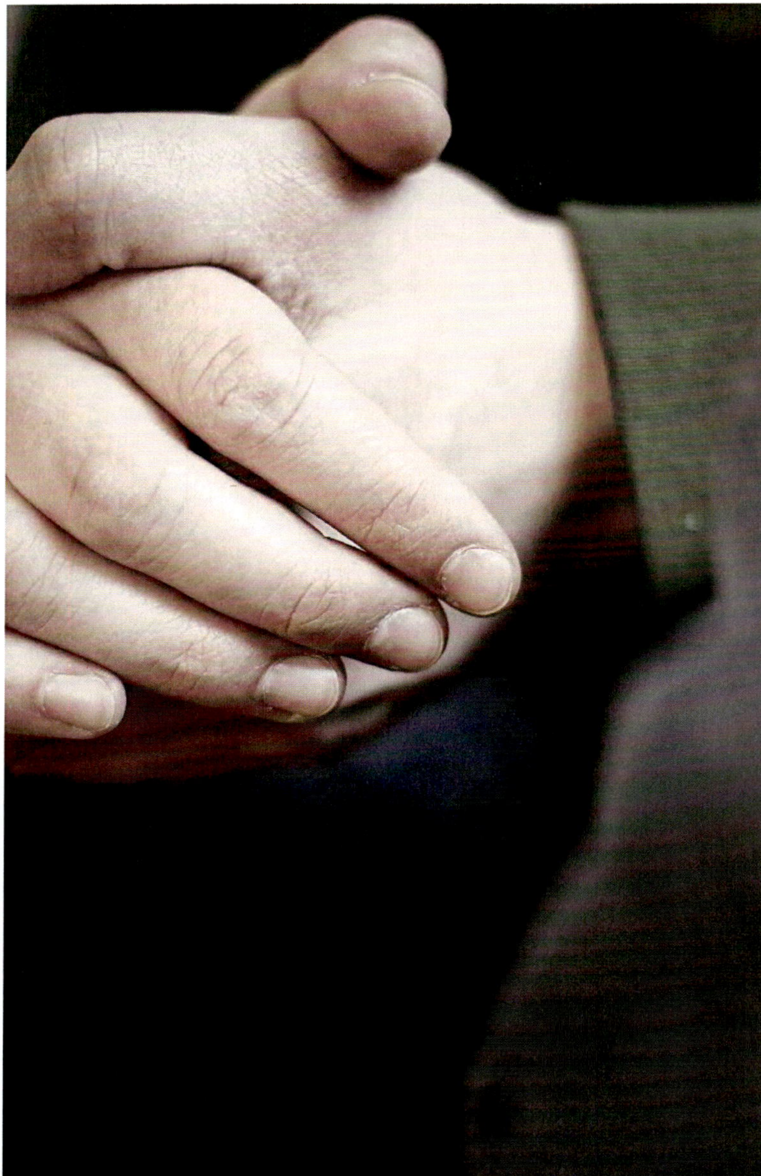

Foto: Susann Städter/photocase.com

Ein Haus mit Kindern

Elisabeth, 34 Jahre

Wenn ich mir als Teenager mein späteres Leben vorstellte, dann immer mit Kindern. Ich habe viele Geschwister – da kam mir das Familienleben oft reichlich chaotisch vor. So viele Kinder wollte ich nicht, aber keine Kinder zu haben, das wäre mir nie in den Sinn gekommen. Ich sah mich im Geiste immer als eine Frau mit Kindern. Ein Haus mit Kindern – das war mein Traum.

Wir hatten jung geheiratet, und während meiner Ausbildung rechnete noch niemand damit, dass wir Kinder bekamen. Wegen extrem starker Menstruationsblutungen hatte ich schon mit 16 Jahren die Pille verschrieben bekommen. Die Eisenpräparate vertrug ich nicht so gut, und da war die Pille für mich ein bequemer Weg, das Problem vorläufig zu beheben. Mit unserer Hochzeit war sie natürlich auch ein bequemer Weg, ein Kind zu verhüten. Das wusste zwar niemand, aber erst nach Abschluß meiner Ausbildung rechneten unsere Bekannten und unsere Gemeinde verstärkt damit, dass wir nun ein Kind bekämen.

Ich selbst hatte die Pille am Ende meiner Ausbildung abgesetzt und wartete nun von Monat zu Monat. Ich ging fest davon aus, in nächster Zeit schwanger zu werden. Aber es tat sich nichts. Und wenn die Leute nachfragten, konnte ich noch lange sagen, dass wir es eben nehmen, wie es kommt. Aber ich wurde immer öfter gefragt, wann es denn soweit sei oder wann wir Nachwuchs planten. Manchmal, wenn ich blaß war oder mal wieder zwei Kilo zugenommen hatte, ging in der Gemeinde auch schon das Gerücht um, ich sei schwanger. Auf sieben oder acht „angedichtete" Kinder habe ich es so gebracht. Ich nahm's meist mit Humor. Aber im Grunde ging mir dieses ständige Nachfragen total auf die Nerven. Eigentlich ging es die anderen überhaupt nichts an, dachte ich. Wenn ein Kind da ist, würde man es schon sehen.

Was andere mir und was ich anderen sage

Nur mit einer guten Freundin, die jetzt auch eine von Hannahs Schwestern ist, konnte ich offen darüber reden. Oft verstand ich selbst kaum, warum ich so traurig war. Dass es schon die Trauer um die Kinderlosigkeit war, kam mir erst langsam zu Bewusstsein. Wir hätten wohl auch keine Untersuchungen diesbezüglich machen lassen (oder erst viel später), wenn unsere Verwandtschaft nicht gedrängt hätte. Ich war mir ziemlich sicher, dass es keinen eindeutigen Befund geben würde – schließlich hatten unsere Geschwister auf beiden Seiten schon Kinder. Warum sollte also bei uns medizinisch etwas nicht in Ordnung sein?

„Mit diesem Befund können Sie nicht schwanger werden", sagte meine Ärztin. Ich war wie betäubt. Aber bis dahin hatten wir schon sieben Jahre mit dem unerfüllten Wunsch gelebt, und so lebten wir äußerlich weiter wie vorher. Für unsere Ehe war diese Zeit nicht leicht. Doch mit Gottes Hilfe haben wir uns hindurchgekämpft, und bald empfand ich den Befund als Erleichterung und als Wohltat Gottes und konnte mit der Zeit gelassener mit den vielen guten Ratschlägen umgehen.

„Warum macht ihr dann nicht künstliche Befruchtung?", wurden wir manchmal gefragt. Oft kam es mir dann vor, als müßte ich mich dafür rechtfertigen, dass das für uns keine Lösung war. Dafür gibt es viele Gründe: Zum einen die geringe „Erfolgsquote", dann die Kosten, außerdem die seelische und körperliche Belastung, und nicht zu vergessen, die Nebenwirkungen.

Der wichtigste Grund für meine Entscheidung dagegen war aber, dass ich diese Behandlungen nicht mit meinem Gewissen vereinbaren könnte. Erst war das nur ein unbestimmtes Gefühl der Ablehnung, aber als ich die Verlautbarungen der katholischen Kirche zum Lebensschutz las (*Donum Vitae* und *Dignitas Personae*), wurden aus diesen Gefühlen Argumente. Das wichtigste ist für mich: Gott hat es sich so gedacht, dass menschliches Leben durch den ehelichen Liebesakt entsteht, und nicht durch andere Menschen oder gar Techniken.

Am Anfang konnte ich nur mit dieser einen Freundin über die Kinderlosigkeit und den Befund reden. Bei ihr habe ich viel Verständnis gefunden, weil sie schon einige Jahre länger in der gleichen Lage war. Sie hat mir viel von sich erzählt, was ich auch an mir beobachtet habe, aber nicht einordnen konnte. Zum Beispiel, dass diese Trauer viel Kraft kostet. (Ich war oft tagelang müde und erschöpft, wenn ich so traurig war.) Und dass viele Menschen, die Kinder haben, diese Trauer nicht kennen und sie nicht verstehen können.

Oft habe ich auch gar nicht gesagt, dass wir keine Kinder bekommen können. Leider haben wir oft zu hören bekommen: „Das wird schon noch. Ihr seid ja noch jung." So jung fühlt man sich mit über dreißig dann auch nicht mehr. Oder: „X war auch zehn Jahre verheiratet, bevor sie ein Kind bekam." Oder auch: „Ihr müsst nur ein Kind adoptieren, dann klappt das schon." Oder: „Ihr seid einfach zu verspannt!" Aber gerade mit dem Befund war unsere Ehe in vielerlei Hinsicht entspannter geworden. Der Druck, dass wir immer noch kein Kind haben und dass wir doch da irgendwas falsch machen müssen, ist nach und nach verschwunden. Wir führten eine gute Ehe und konnten die Zweisamkeit wieder uneingeschränkt genießen, und ich war dankbar.

Später sagte ich meist auf die Frage, ob wir Kinder haben: „Leider nicht.“ Dann war oft schon klar, dass wir gern welche gehabt hätten. Manchmal ergaben sich so gute Gespräche. Ich erinnere mich gern an ein Klassentreffen meines Mannes, wo er gefragt wurde, ob er schon Kinder habe. (Viele seiner ehemaligen Klassenkameraden haben bereits schulpflichtige Kinder.) Die Atmosphäre war schon sehr angeheitert, manche hätten wohl auch eine ernsthafte Antwort nicht mehr verarbeiten können. Er sagte also: „Soweit sind wir noch nicht. Wir üben noch.“ Ich bekam fast einen Lachkrampf, obwohl wir vorher einmal über solche Antworten geredet hatten. Das war für mich sehr befreiend.

Schwere Zeiten

Lange Zeit konnte ich mich damit trösten, dass ich zwar keine Kinder, aber einen liebevollen Mann habe. Doch selbst den habe ich jetzt nicht mehr. Über ein Jahr lang habe ich um meine Ehe gekämpft, als ich gemerkt habe, dass sie irgendwie den Bach runtergeht. So langsam begriff ich, dass mein Mann mich nicht mehr liebt. Ich merkte, wie er eine gefühlsmäßige Bindung zu einer viel jüngeren Frau, die in unserem Haus wohnte, aufbaute. Ich habe gebetet, mit ihm geredet und vieles versucht. Ich wollte ihn bewusst lieben und achten, obwohl er das offensichtlich nicht mehr tat. Es war eine furchtbare Zeit, denn mein Liebestank war leer, und ich war oft am Ende meiner Kraft. Ich war dann richtig lebensmüde und wünschte mir den Tod.

Oft wollte ich einfach nur weg, weg von Nörgelei, Lieblosigkeit und der Selbstverständlichkeit, dass ich alles mache, aber nie einen Dank bekomme… Ich war schon dankbar für alle Besprechungen oder Termine, wenn ich normal mit anderen Menschen reden konnte. Manchmal wollte ich sogar weg von meinem Mann. Aber dann habe ich mich an mein Eheversprechen erinnert – und ihn auch. Hab wieder geredet, dass wir doch zusammengehören und eine Lösung finden müssen. Wieder bat ich ihn, mit zur Eheberatung zu gehen. Er wollte nicht. So bin ich schließlich allein gegangen. Das war ein guter und wichtiger Schritt für mich.

Aber es schien sich nichts zu ändern. Irgendwann gerieten wir dann im Gespräch so sehr aneinander, dass er mir endlich gestand, dass er ein Ehebrecher ist. Er hatte wohl schon ein halbes Jahr lang ein Verhältnis mit der jungen Frau. Ich war ja hin und wieder mal ein paar Tage weggewesen, aber ich hatte meinem Mann nicht einen solchen Treuebruch zugetraut. Und selbst jetzt noch sagte ich: Es gibt doch immer noch die Möglichkeit eines Neuanfangs. Aber er meinte, es sei zu spät. Warum, weiß ich nicht recht. Er hatte sich jedenfalls gegen unsere Ehe entschieden. So blieb mir nichts anderes übrig, als mich von ihm zu trennen.

Plötzlich stand ich ohne Zuhause da. Aber ich habe, Gott sei Dank!, eine wunderbare Familie, die mich in dieser Zeit sehr unterstützt und für mich gebetet hat. Und auch sehr gute Freunde, viele davon bei Hannahs Schwestern. Eine Freundin gab mir Geld für den Umzug, eine andere Arbeit für eine Weile. Und viele beteten für mich und ermutigten mich. Das waren ganz wunderbare Erfahrungen, die mir sehr geholfen haben.

Blick zurück und nach vorn

Ob ich aus heutiger Sicht etwas anders gemacht hätte? Ja, ich hätte auf keinen Fall wegen zu starker Blutungen in so jungen Jahren die Pille genommen. (Schon Magnesium allein hätte mir damals geholfen, und das dauerhaft. Aber leider wussten das weder meine Ärzte noch meine Eltern oder Freunde.) In den ersten sieben Jahren nach der ersten Blutung entwickelt sich ja der Zyklus in einem Mädchen erst, und dieser Prozess wird durch die Pille unterbrochen. Manche Frauen sagen, dass sie sich mit der Pille wie fremdgesteuert fühlen und nicht mehr wirklich als Frau. Rückblickend kann ich das auch für mich so sagen.

Ich bin froh, dass ich nun schon über zehn Jahre ohne Pille lebe – und vor allem, dass ich jetzt meinen Zyklus als etwas Wertvolles ansehen kann. Da hat Gott etwas Wunderbares in uns Frauen hineingelegt – die Fruchtbarkeit. Die Beschäftigung mit der Natürlichen Empfängnisregelung hat mir ganz entscheidend geholfen, das wieder neu zu entdecken. Ich bin auch dankbar, dass durch meine Zyklusaufzeichnungen entdeckt wurde, dass ich an einem Progesteronmangel leide. Jetzt helfe ich meinem Zyklus zur rechten Zeit mit der richtigen Dosis Progesteron (als Gel, nicht als Tablette) auf die Sprünge. Mein Zyklus hat sich wirklich normalisiert, was ich nie für möglich gehalten hätte. Aber auch viele andere Beschwerden wurden dadurch gelindert und ich fühle mich viel gesünder. (Ich habe die Zyklusbeobachtung besonders dann als äußerst entspannend empfunden, wenn es einmal einen unregelmäßigen Zyklus gab – besonders einen sehr langen Zyklus. Ich musste mir keinen Schwangerschaftstest kaufen, sondern konnte in aller Ruhe auf die nächste Menstruation warten. Diese Gelassenheit hätte ich mir schon viel eher gewünscht.) Ich hätte mir manche Unsicherheit erspart, wenn wir schon eher Untersuchungen hätten vornehmen lassen. Und wir hätten uns schon viel früher mit der Natürlichen Empfängnisregelung beschäftigen sollen. Leider hat mein Mann vieles nicht mitgetragen, und ich habe inzwischen echt Zweifel, ob er je Kinder wollte.

Jetzt ist mein Leben völlig anders, als ich es mir je vorgestellt habe. Ich habe keine eigenen Kinder und werde möglicherweise bald geschieden sein, wenn kein Wunder geschieht. Aber ich habe doch ein Haus mit Kindern – und das kam so:

Als ich meiner Familie von dem Treuebruch meines Mannes erzählte, war ja klar, dass ich eine neue Bleibe brauchte. Sofort boten mir alle meine Geschwister an, dass ich bei ihnen wohnten könnte. Das war ja lieb, aber wohin nun wirklich? Ich wollte mich schnell entscheiden, aber ich stand doch so unter Schock. Bis gerade eben hatte ich noch ein Zuhause, und jetzt musste ich mir etwas Neues suchen. Mir hat dann der Ratschlag meiner Eltern und einer Schwester geholfen, und so bin ich zu meiner nächstjüngeren Schwester gezogen, die zu der Zeit gerade ihr viertes Kind erwartete und oft am Ende ihrer Kräfte war. Außerdem würde ich in dieser Gegend noch am leichtesten Arbeit finden.

Nur wenige Tage, nachdem ich von dem Treuebruch meines Mannes erfahren hatte, zog ich bei meiner Schwester ein – in ein eigenes Zimmer, das sie mir schnell hatten herrichten lassen. Ich war so dankbar für einen Schrank, ein Bett, sogar einen Schreibtisch – und bald auch ein Sofa! Die Kinder freuten sich gleich sehr – und noch mehr, als sich herausstellte, dass ich nicht nur drei Wochen bleiben würde, sondern ganz lange (so lange wie ausgestreckte Kinderarme) – vielleicht bis zu meinem Geburtstag oder bis Weihnachten? Oder gar immer? Das steht noch nicht fest. Aber hier habe ich wirklich erst einmal ein Zuhause gefunden.

Ich bin sehr dankbar für meine gläubige Familie und meine Freunde – und besonders für das gute Verhältnis zu meiner Schwester. Mit ihr kann ich offen reden und teile jetzt auch ihre Sorgen um die Kinder. Schon lange konnten wir – die Mutter und die Kinderlose – uns austauschen, ohne dass wir zwischen den Zeilen sagten: Du hast doch keine Ahnung von meinem Leben. Wir wussten, dass unser Leben ganz verschieden ist. Und wenn eines der Kinder kommt und sagt: „Jetzt hast du ein Kind – mich!“, dann ist das für mich so ein Glücksmoment.

Heute haben die Kinder und meine Schwester mir eine liebe Überraschung gebastelt und damit Danke gesagt für meine Hilfe. Ich war sehr gerührt, und jetzt merke ich voll Erstaunen, dass ich genau das habe, wovon ich immer geträumt habe: Ein Haus mit Kindern – auch wenn weder die Kinder noch das Haus mir gehören. Aber was gehört uns schon wirklich auf dieser Erde?

Gott, warum? – Gespräch einer Kinderlosen mit Gott

Gott, warum ich?

> Mein Kind, warum nicht? Kinder sind mein Geschenk.
> Ich gebe es, wem ich will. Du hast keine eigenen Kinder. Aber meine Gnade gilt Dir genauso. Du glaubst an mich und hast Gnade vor meinen Augen gefunden.

Aber, Gott, oft bin ich so traurig und finde keinen Trost.
Warum hilfst Du mir nicht? Könnte ich nicht viel mehr bewirken, wenn ich fröhlich von Dir erzähle?

> Mein Kind, glaube mir, ich leide mit Dir. Wenn Dein Herz schmerzt, schmerzt meines auch. Aber ich freue mich auch, wenn Du andere verstehen kannst – in ihrem Leid. Ich freue mich, wenn Du andere trösten kannst – weil Du Dich von mir trösten lässt. Es gibt kein glaubwürdigeres Zeugnis als das: Dass Du in allem Leid getrost bist. Ich bin der Gott, der Dich tröstet mit einem Trost, den nur ich Dir geben kann.

Aber, Gott ... bleibt das denn immer so? Dieses ewige Auf und Ab? Bekomme ich noch ein Kind? Oder muss ich die Hoffnung aufgeben?

> Hab Geduld, mein Kind. Meine Pläne sind verborgen. Vertrau mir. Gib mir Deine Hand für den nächsten Schritt. Dann bringt Dich jeder Schritt dem Himmel und damit mir ein Stück näher.

Gott, wenn ich kinderlos bleibe, dann stirbt auch unser Familienname aus. Was hinterlassen wir dann?

> Das wirst Du herausfinden, wenn Du mit mir gehst, mein Kind. Im Buch des Lebens wird Dein Name geschrieben stehen. Das ist ein Name für die Ewigkeit, nicht für die Endlichkeit hier. Sieh Dich um. Ich zeige Dir Menschen, denen Du Mutter sein kannst. Zeig ihnen Jesus. Das ist das Größte, was Du tun kannst.

Ach, Herr, oft denke ich, Du segnest mich nicht oder strafst mich gar. Gibt es auch einen Segen für mich?

Geliebtes Kind, Du meinst, dass eine Mutter selbstverständlich glücklich ist? Oder dass sie mit Kindern dem Himmel so nah ist? O nein, mein Kind – ewig glücklich ist, wer mein Wort hört und im Herzen bewahrt – mit und ohne Kinder!

Lieber himmlischer Vater, ich fühle mich so leer! Wird dieser Mangel jemals ausgefüllt?

Sieh Dich um, liebes Kind. Jeder Mensch hat irgendwie Mangel.
Glücklich sind die, die ihren Mangel zu mir bringen.
Ich will ihn füllen mit Leben – Leben im Überfluß.

Elisabeth

Nach: Ps. 16, 11; Ps. 127, 3; Jes. 56, 4-5; Jer. 29, 11; Lk. 11, 27-28; Joh. 10, 10; Röm. 8, 28-39; 2. Kor. 1, 3-4; 1. Tim. 2, 15; Off., 22, 17

Abschied von Lysann

Lena, 37 Jahre

Ich war drei Jahre mit meinem damaligen Mann verheiratet und Mitte zwanzig, als nach Abschluss aller beruflicher Ausbildungen unser Leben anfing, etwas zu stagnieren. Das Natürlichste der Welt begann sich in unser Leben zu drängen: der Kinderwunsch.

Wir waren im besten Alter und ich bildete mir ein, dass alles überhaupt kein Problem werden würde, nachdem ich die Pille absetzte. Nach dem ersten erfolglosen Monat war ich zwar etwas geknickt, machte mir aber noch nicht so viele Gedanken. Obwohl durch eine Operation in der Kindheit bei meinem damaligen Mann schon erste berechtigte Zweifel bestanden, ob wirklich alles so einfach funktionieren würde. So probierten wir noch zwei weitere Monate, ein Baby zu zeugen, wieder ohne Erfolg. Ich war an diesem Punkt schon ziemlich entmutigt. Und da wir uns auf Grund unserer Anhaltspunkte weitere Frustrationen ersparen und nicht ewig viel Zeit verlieren wollten, ließen wir uns schon nach dieser kurzen Zeit ärztlich untersuchen. Ich war ängstlich und nervös. Die Zeit des Wartens auf die Ergebnisse kam mir wie eine halbe Ewigkeit vor. Ich wusste damals noch nicht, dass das scheinbar nur ein „Training“ für weitaus drastischere Wartephasen sein würde.

Doch dann kam das Ergebnis, und die Diagnose war niederschmetternd: zeugungsunfähig! Die Welt brach für uns erst einmal komplett zusammen. Wir wussten gar nicht, wie wir damit umgehen sollten. Rundherum wurden alle Freundinnen einfach so schwanger und wir standen scheinbar allein vor einem unüberwindbaren Problem. Jeder begann das für sich und auf seine Weise zu begreifen und zu verarbeiten. War ich in der Stadt unterwegs, sah ich überall nur schwangere Frauen. Es war eine absolute Qual. Ich musste teilweise die Straßenseite wechseln und konnte auch zu niemandem mit einen Baby mehr zu Besuch gehen.

In der Behandlungsspirale

Wir dachten nun erstmals über eine Kinderwunschbehandlung nach und schöpften neue Hoffnung. Wir fanden eine liebe Ärztin, und uns wurden die verschiedenen Methoden (Insemination, IVF, ICSI) erklärt. Sie schlug uns erst einmal zwei Inseminationen vor, um uns vielleicht die schwierigeren Verfahren ersparen zu können.

Ich schluckte Hormone, bekam Spritzen und nach der Behandlung hieß es, zwei Wochen warten. Und die können endlos lang und voller Hoffen und Bangen sein! Doch ich merkte ziemlich schnell, dass es nicht funktioniert hat und sollte damit auch Recht behalten. Ich versuchte, die Wut und Traurigkeit irgendwie zu verdrängen und zog meine Hoffnung und Kraft aus dem sofort neu anstehenden Versuch. Doch auch dieser verlief wieder erfolglos.

Ich war am Boden zerstört, total deprimiert und hatte keine Ahnung, wie es weiter gehen sollte. Bereits da war ich schon ziemlich an der Grenze meiner Kräfte angelangt. Doch wenn man einmal in der Behandlungsspirale drin ist, kommt man nicht einfach so wieder heraus.

Nach einer kurzen Verschnaufpause von zwei Monaten stürzten wir uns in die „höchste“ Form der künstlichen Befruchtung: ICSI. Das war der so ziemlich größte Stress, den ich jemals in meinem Leben erlebt habe. Spritzen und Medikamente ließen mich quasi „aufquellen“, die ohnehin bei mir geschwächten Bänder wurden immer lockerer, ich knickte ständig um. Es war eine Tortur. Dann Narkose, Eizellentnahme und Einsetzen der Embryonen. Alles in einer anderen Stadt, 80 Kilometer von unserem Wohnort entfernt. Und nun hieß es wieder warten. Zwei lange Wochen. Ich merkte nach acht Tagen, dass etwas anders war als sonst. Und diesmal sollte ich im freudigen Sinne Recht behalten. Nach zwei Wochen erhielt ich einen positiven Schwangerschaftstest. Und das Ultraschallbild zeigte zwei Fruchthöhlen. Ich war überglücklich, wollte schon immer zwei Kinder haben. Jetzt würde alles gut werden, endlich. Aber es ging mir nicht gut. Ich hatte Herzrasen und allerlei andere gravierende Beschwerden. Keinen Tag konnte ich genießen. Ich wusste noch nicht, dass mein Körper in dieser Zeit u. a. eine Allergie auf die zugeführten künstlichen Gelbkörperhormone zu entwickeln begann.

Und nach zwei Wochen bahnte sich eine andere Katastrophe an. Alle Schwangerschaftsanzeichen waren auf einmal morgens verschwunden. In Panik suchte ich meine Ärztin auf. Und tatsächlich war der HCG-Wert soweit abgesunken, dass nicht mehr von einer intakten Schwangerschaft auszugehen war. Am nächsten Tag verlor ich dann auch unter heftigen seelischen und körperlichen Schmerzen meine zwei kleinen Pünktchen.

Die folgenden Wochen waren schlimm. Schlaflosigkeit, Weinkrämpfe – und auf Arbeit musste ich mich irgendwie durchkämpfen. Mehr schlecht als recht. Nie wieder in meinem Leben wollte ich so etwas erleben. Es gab zu dem Zeitpunkt noch niemanden, der mich hätte effektiv auffangen können.

Doch nach zwei Monaten begannen eine Freundin und meine Ärztin, mich noch einmal für eine letzte Behandlung zu sensibilisieren. So richtig wollte ich nicht, ließ mich aber fast ein bisschen dazu überreden. Dabei schlich sich eigentlich schon der Gedanke an eine mögliche Adoption in mein Leben. Doch mein damaliger Mann war da noch eher skeptisch, und so ließen wir uns auf eine letzte Behandlung ein.

Tragischerweise ereignete sich alles genauso wie bei der ersten Behandlung. Wieder verlor ich meine zwei Pünktchen. Und dazu kam noch der Ausbruch einer heftigen Allergie auf die zugeführten Hormone mit Notarzteinsatz und einem Tag Krankenhausaufenthalt.

Die Zeit danach war unbeschreiblich schwer. Mein Seelenleben, mein Hormonkreislauf und das Immunsystem waren komplett entgleist. Ich funktionierte irgendwie, meine Familie kam nicht so ganz klar damit, und auf Arbeit hatte man längst das Verständnis verloren. Ich kämpfte mich durch die schwere Zeit, gönnte mir einige schöne Dinge, arbeitete mit an der Gründung einer Selbsthilfegruppe, nahm im Internet Kontakt zu Betroffenen auf und erholte mich nach und nach wieder.

Ausweg Adoption

Für mich aber stand fest: Ohne Kinder würde ich nicht leben wollen. Also ging ich mit meinem damaligen Mann aktiv das Thema Adoption an. Er konnte seine Skepsis diesbezüglich offensichtlich überwinden. Da wir aufgrund der Fehlgeburten eine nachträgliche Untersuchung machen ließen und dabei erfuhren, dass wir genetisch nicht zusammen passen und mein Immunsystem die Embryonen immer wieder abstoßen würde, gab es ja auch keine andere Alternative mehr für uns.

Tapfer gingen wir durch das Adoptionsverfahren. Wir hatten eine nette Vermittlerin und die Gespräche verliefen relativ entspannt. Natürlich war es teilweise etwas befremdlich, wie weit man in seinem Privatleben ins Detail gehen musste, aber es nützte ja nichts.

In mehrtägigen Vorbereitungsseminaren, veranstaltet durch das Jugendamt, erfuhren wir vieles über Bindungstheorie, rechtliche Dinge, und einige Adoptiv- und Pflegeeltern berichteten über ihre Erfahrungen. Das kam alles ziemlich leicht und unkompliziert rüber und gab uns viel neue Hoffnung.

Und so begann wieder das Warten, diesmal auf ein Adoptivkind. Dagegen sind zwei Wochen fast nichts. Aber wir hatten doch Glück. Nachdem wir uns noch zwei schöne Urlaubsreisen gegönnt hatten, war es nach zwei Jahren endlich soweit.

An einem Donnerstagabend klingelte das Telefon. Ich weiß es noch ganz genau, hatte schon so eine Ahnung im Bauch. Unsere Bearbeiterin sagte: „Wir haben einen kleinen Jungen für Sie. Er ist fünf Tage alt. Am Montag können wir ins Krankenhaus fahren.“ Ich bekam vor Freude kaum Luft, und sagen konnte ich auch nichts. Mir kamen nur noch die

Tränen. Ich legte auf, und wir waren komplett überwältigt und fuhren zu unsren Eltern, um die Nachricht zu überbringen.

Am nächsten Tag beantragte ich meinen Erziehungsurlaub, und wir fingen gemeinsam mit Freunden an, die Erstausstattung für ein Baby zusammen zu tragen und zu kaufen. Zumindest erst einmal das Allernötigste. Tausend Gedanken gingen mir durch den Kopf. Wie würde er aussehen, wie würde er sein und würde er in unsere Familie passen und sich gut einleben? Ich war so aufgeregt, konnte kaum schlafen und sehnte den Montag herbei.

Dann war es soweit. Wir fuhren ins Krankenhaus und sahen das erste Mal diesen kleinen, hilflosen blonden Jungen. Der Kinderarzt untersuchte ihn noch einmal. Er hatte in den paar Tagen fast ein halbes Kilogramm abgenommen. Wir wollten ihn noch am selben Tag mit nach Hause nehmen. Seitens des Krankenhauses bestanden noch diverse Zweifel wegen des Gewichtes, aber mir war unbewusst klar, zunehmen konnte er nur in einem neuen Zuhause mit einer Mama und einem Papa. So nahmen wir unseren zukünftigen Sohn mit nach Hause. Mit Hilfe einer Freundin hatte er innerhalb von zwei Tagen sein Geburtsgewicht wieder erreicht.

Trotz aller Freude war ich zu Beginn als „Spontanmutter“ ziemlich unsicher. Mir gingen Dinge durch den Kopf wie: „Werde ich den Kleinen auch wirklich groß bekommen?“ Das klingt natürlich etwas unsinnig, aber man kann sich theoretisch und praktisch auf eine Adoption vorbereiten, emotional jedoch sieht es da schon schwieriger aus. Die Vorbereitungszeit einer Mutter, die ihr Kind neun Monate im Bauch trägt, entfällt komplett. Ebenso natürlich für den Vater. Diese Zeit muss zusammen mit dem Kind in den ersten Wochen nachgeholt und eine Bindung zueinander aufgebaut werden. Das ist nicht ganz leicht, wenn man stets im Hinterkopf hat, dass sich die leibliche Mutter noch acht Wochen lang nach der Geburt entscheiden kann. Ich hatte von Anfang an Respekt und Hochachtung vor der Mutter und hätte jede Entscheidung verstanden und angenommen, doch die Angst vor (wiederholtem) Verlust auf meiner Seite war auch sehr groß.

Doch soweit kam es nicht, und mit der Gewissheit, dass wir den Kleinen endgültig zur Adoptionspflege bei uns behalten dürfen, fiel ein großer Stein von meinem Herzen, und auch eine Barriere im Kopf. Ich wurde langsam immer sicherer und tat alles Menschenmögliche, um eine enge Bindung zu unserem Sohn aufzubauen. Leicht war es nicht. Er hatte von der zweiten Lebenswoche an die Drei-Monats-Koliken und war ganz schnell überreizt. Die Abende nach den ganzen Erledigungen waren für alle Beteiligten äußerst anstrengend. Nachmittags wartete ich sehnsüchtig auf Entlastung durch meinen damaligen Mann. Doch er kam selbst erledigt von der Arbeit heim.

Und monatlich stand ein Kontrolltermin durch das Jugendamt an, ob auch alles gut läuft und das Kind optimal versorgt wird. Das war für mich kaum hilfreich, eher nervenaufreibend. Ich musste diese (natürlich vormittäglichen) Termine alleine bewältigen. Unser Sohn war anstrengend, brachte Defizite durch den Bindungsabbruch nach der Geburt zu seiner leiblichen Mutter mit sich und hatte Beschwerden bezüglich der Verdauung. Ich kam quasi zu fast nichts mehr, weil er so fordernd war. Dann musste ich in einer Hau-Ruck-Aktion vor diesem Termin alles perfekt auf Vordermann bringen und dann auch oft und viel erklären, warum er dies und jenes noch nicht essen kann und so weiter. Das war eine Woche pro Monat Hochstress. Aber auch diese Zeit haben wir überstanden, und als nach einem Jahr Pflege die Adoption rechtskräftig war und unser Kind unseren Namen bekam, begann wieder ein neues Kapitel in unserem Leben.

Der letzte Rest an Anspannung fiel von mir ab, und ich genoss meine Rolle als Mutter in vollen Zügen. Nebenher unterhielt ich eine Seite im Internet, um von Kinderlosigkeit Betroffenen und adoptionswilligen Paaren Erfahrungsberichte und Informationen anzubieten. Mein Leben schien fast perfekt zu sein.

Aber leider nur fast, denn es schlichen sich erste größere Partnerschaftsprobleme in unsere Ehe ein. Unser Sohn war sehr fordernd. Er hatte viele Schwierigkeiten im Zusammenhang mit Nahrungsmittelunverträglichkeiten und entwickelte ADHS. Ich war Tag für Tag viele Stunden unermüdlich gefordert und kam manchmal kaum zum Essen. Meine ganze Kraft setzte ich ein, damit die Entwicklung unseres geliebten Sohnes optimal verläuft. Wir konnten nicht nach „Schema F" vorgehen, sondern mussten uns immer auf besondere Herausforderungen einstellen und entsprechend handeln und entscheiden.

Wie oft traf ich deswegen auf Unverständnis bis hin zu Ausgrenzung. Und ich machte natürlich so gut wie alles falsch. Egal, wie fundiert ich meine Entscheidungen und Vorgehensweisen begründen konnte. Das fühlte sich für mich wegen der Mühe, die ich mir gab, wirklich niederschmetternd an. Ein bisschen mehr Anerkennung meiner Leistungen hätte mir gut getan und neue Kraft gegeben. Mir half zwar der Austausch mit Pflege- und Adoptiveltern, welche alle mit diversen Problemen konfrontiert waren, aber irgendwann schlich sich eine ziemliche Erschöpfung bei mir ein. Nicht zwangsläufig und hauptsächlich durch das Verhalten unseres Sohnes, sondern eher durch die Reaktionen unseres Umfeldes.

Schließlich kam noch ein großes Problem hinzu: ich wurde krank, bekam u. a. Rheuma. Nach einem ersten vierteljährigen Schub ging es mir vorerst wieder besser. Doch im darauffolgenden Herbst brach ein neuer Schub aus und verlief dann chronisch. Außerdem musste ich operiert werden. Die ganzen medizinischen Angriffe der Vergangenheit auf meinen Körper forderten jetzt ihren Tribut. Die Bewältigung des Alltages wurde zusehends schwerer für mich. Mein damaliger Mann war nun mehr gefordert und durch seine Vollzeitarbeit aber ebenfalls recht schnell erschöpft. Ich sah mich aber gezwungen, mir nach über drei Jahren intensiver Kinderpflege einige kleine Freiräume zu gestatten. Wöchentlich ging ich zwei Mal eine Stunde zum Sport, um auch meiner Erkrankung wieder etwas Herr zu werden. Außerdem machte ich gerne Spaziergänge mit meiner Freundin.

Das Ende der Ehe

Doch in meiner Ehe funktionierte rein gar nichts mehr. Sie bestand nur noch aus Überlastungen und Schuldzuweisungen. Am Ende war es für alle Beteiligten nur noch ein Martyrium. Die Ehe war komplett ruiniert und endete trotz einiger Rettungsversuche schließlich vor dem Scheidungsrichter.

Als ich allein war mit unserem Sohn, kehrte Entspannung ein. Alle Beteiligten kamen endlich zur Ruhe. Ich wurde wieder sicherer, ging meinen Weg und ließ mich von niemandem mehr bevormunden. Als ich nicht mehr auf Hilfe und Entlastung wartete, um dann enttäuscht zu werden, war ich gar nicht mehr so erschöpft. Ich schaffte meine Aufgaben trotz Krankheit besser als vorher. Und mein Sohn wurde älter und entwickelte sich immer weiter. Sein Verhalten war und ist auf Grund seiner Vorgeschichte jedoch immer auffälliger als das anderer Kinder. Der Abbruch zur leiblichen Herkunft ist und bleibt im Unterbewusstsein verankert. Nervosität und das Drängen ins Leben und somit eben auch oft in den Mittelpunkt, sind immer präsent. Durch verschiedene Therapien haben wir aber schon viel Positives erreicht.

Mein Leben im Rückblick

Rückblickend auf mein Leben, speziell auf das Kapitel Kinderwunsch, muss ich sagen, dass die Entscheidung zu den künstlichen Befruchtungen für mich persönlich falsch war. Zum einen hätte eine umfangreiche medizinische Anamnese unter Umständen ergeben, dass mein Körper für so eine Behandlung gar nicht geeignet ist, und mir wären dadurch vielleicht eine Reihe an jetzigen gesundheitlichen Beeinträchtigungen bis hin zur kompletten Arbeitsunfähigkeit erspart geblieben. Ich bin leider nicht die Einzige mit dieser Problematik.

Zum anderen finde ich, auch wenn schon vielen Paaren zu einem Kind verholfen wurde, spielt der Mensch an dieser Stelle zu sehr Gott. Hätte ich noch einmal die Wahl, würde ich mich gleich für eine Adoption entscheiden. Sie ist eine Lösung, aber eben auch kein Allheilmittel. Man muss sich vor Augen führen, dass die Annahme eines fremden Kindes zwar eine schöne Bereicherung, aber ebenso eine harte Probe für eine Ehe sein kann. Ich habe nicht nur eine Adoptiveltern-Ehe scheitern sehen.

Die genetischen Faktoren sind nicht ausschaltbar oder veränderlich. Man kann (und muss) ein Kind formen und auf seinem Weg begleiten. Aber man kann nicht den Charakter ändern und an den eigenen anpassen. Wie schon gesagt, man ist durchweg gefordert, sich mit den seelischen Folgen, die bei Adoptivkindern auftreten, auseinanderzusetzen. Das geht nicht immer fehlerlos. Ich bin auch manchmal geneigt, mich unter Druck zu setzen, alles perfekt machen zu müssen, weil ich ja quasi eine große Verantwortung von der leiblichen Mutter meines Sohnes übertragen bekommen habe. Es ist eine durchweg schwere Aufgabe, die mich oft an meine Grenzen bringt. Und trotzdem möchte ich meinen Sohn nicht mehr missen und bin wiederum auch froh, diesen Weg gegangen zu sein. Ich habe viele wichtige Erfahrungen sammeln können. Sei es über die Seele, Gesundheit oder Ernährung, und natürlich über Kinder und erwachsene Menschen, am meisten aber wahrscheinlich über mich selbst. Es ist wie eine Reise zu meinem Ich und in ein neues Kapitel meines Lebens. Ich muss nicht mehr die Straßenseite wechseln, kann mich für werdende Mütter freuen und habe keine Berührungsängste bezüglich Babys mehr. Ein Wermutstropfen wird immer bleiben: Die Erfahrung der Schwangerschaft und einer Geburt bleiben mir verwehrt. Auch habe ich mir immer noch sehnlichst ein kleines Schwesterchen, egal ob leiblich oder adoptiert, zu meinem Sohn gewünscht – ich hätte sie Lysann genannt – , jedoch musste ich mich auf Grund der weiteren Situation leider davon für immer verabschieden. Aber ich habe durch das Aufschreiben meiner Erfahrungen, heilenden Gesprächen und Therapien vieles aufgearbeitet.

Meine Ärztin sagte einmal zu mir: „Dein Kind ist genau richtig bei dir. Es ist zu dir geschickt worden bzw. hat sich dich ausgesucht, weil du ähnlich funktionierst und ihn dadurch immer ein Stück besser verstehen kannst als andere."

Trotz allem kam bzw. komme ich bei der Erziehung meines Sohnes und im Zusammenhang mit meiner Erkrankung hin und wieder an meine Grenzen. An einem dieser Tiefpunkte begann ich Gott ernsthaft um Hilfe zu bitten, weil ich sonst nicht mehr weiter wusste. Ich bat Gott, dass er seine Engel um mich stellt, die mir helfen und mich führen. Oftmals hatte ich das Gefühl, es tut sich gar nichts und war deswegen verzweifelt und manchmal auch wütend. Aber dann habe ich doch immer wieder Wege aufgezeigt bekommen, dass und wie es irgendwie weitergeht. Meist in Form von Begegnung mit Menschen, die mich verstehen, mir Mut geben, mir helfen und mich in meiner Entwicklung das nächste Stückchen voran bringen. Ich habe Menschen loslassen müssen, aber verlorengeglaubte auch wiedergefunden. Viele schwierige Dinge bekamen, im Nachhinein betrachtet, einen tieferen Sinn. Ich erlebte mich umgeben von Gottes guten Mächten und wollte mehr aus der Bibel erfahren.

Deshalb suchte ich den Kontakt zu einer Evangelisch-Lutherischen Kirchgemeinde, führte wertvolle Gespräche mit der Pfarrerin und einem Pfarrer und lernte im Taufunterricht den christlichen Glauben intensiver kennen. Mir wurden viele Fragen beantwortet, Zweifel zerstreut und ich wurde auf meinem Weg aus der Dunkelheit ins Licht bestärkt. Die anschließende Taufe im Kreise meiner liebsten Menschen war Abschluss und Neubeginn zugleich und gestaltete sich als ein wunderschönes Mut, Hoffnung und Kraft spendendes Ereignis. Das werde ich nie vergessen.

Die Evangelisch-Lutherische Kirche in Chemnitz-Rabenstein

Foto: privat

Denn, er hat seinen Engel befohlen,
dass sie dich behüten auf allen deinen Wegen.

Psalm 91,11

Bittere Tränen – Tagebuchauszüge

Rebecca, 41 Jahre

20.2.01 – Ich liege fertig auf meinem Bett und rolle mich wie ein Igel zusammen. Es tut gut, einfach nur schmerzfrei dazuliegen. Meine Blicke verlieren sich in meinem Zimmer. Sie streifen das Fenster, die weiße Wand, das Bücherregal. Die Zeit scheint still zu stehen. Meine heutigen Pläne sind vollkommen unwichtig geworden. Alles, was zählt, ist, dass ich jetzt keine Schmerzen mehr habe. Noch Stunden nach diesem Anfall denke ich: „Wie sind solche entsetzlichen Schmerzen nur möglich? Mein Gott, warum lässt du so etwas Grausames zu?" Ich bekomme keine Antwort. Allmählich kehre ich in meinen Alltag zurück. Eine ganz neue Frage taucht in meinem Kopf auf: Ich wünsche mir, schwanger zu sein und ein Kind zu bekommen! Allein die Gedanken daran lassen mein Herz schneller schlagen.

20.8.01- Ich finde keine Worte dafür. Die Schmerzen sind so schlimm! Ich liege bei meinen Eltern auf dem Sofa. Der Notarzt ist gerade gegangen. Ich dämmere vor mich hin, bin völlig erschöpft und komplett nassgeschwitzt. Mein Blutdruck ist im Keller und ich breche bis zum Abend. Was ist mit mir los? Der Arzt meinte, nach dem ersten Kind lassen die Regelschmerzen nach. Wie lange soll ich noch darauf warten?

8.11.01 – Heike und Jan schrieben aus England. Heike ist schwanger! Im April wird ihr Kind geboren. Es überrascht mich, wie traurig ich bin. Plötzlich überfällt mich die Angst, vielleicht nie ein Kind zu bekommen. Es fällt mir immer schwerer, Monat für Monat meine Regel zu haben. Traurig macht mich, dass mein Mann Maik noch keine Kinder haben möchte. Er könnte sich sein Leben sogar ohne Kinder vorstellen! Diese Kluft zwischen uns tut mir weh. Wir verhüten nicht, aber wir legen es auch noch nicht direkt darauf an, dass ich schwanger werde.

30.12.01 – Jahresende: Rückblick und Neuanfang: Was wird mir das neue Jahr bringen? Werde ich schwanger werden? Seit der letzten Regel passen wir nicht mehr auf! Es war unbeschreiblich schön und aufregend, mit meinem Mann zu schlafen und daran zu denken, dass wir jetzt vielleicht ein Kind zeugen. Vielleicht bin ich ja bereits schwanger? Diese Gedanken beflügeln mein Herz. Ein Ehepaar betete für unseren Kinderwunsch. Sie hörten von Gott Psalm 128 für uns:

Glücklich ein jeder, der den Herrn fürchtet, der wandelt auf seinen Wegen! Denn essen wirst du die Arbeit deiner Hände. Heil dir! Gut steht es um dich. Deine Frau gleicht einem fruchtbaren Weinstock im Innern deines Hauses, deine Söhne den Ölbaumsprossen, rings um deinen Tisch. Siehe, es wird gesegnet sein der Mann, der den Herrn fürchtet. Es segne dich der Herr von Zion aus. Schaue das Wohl Jerusalems alle Tage deines Lebens, und sieh deiner Kinder Kinder! Friede über Israel!

4.11.02 – Das Jahr ist fast zu Ende, und nichts ist passiert. Meine Gedanken wandern immer wieder zu einem Thema: Werde ich eines Tages Kinder bekommen oder bleibe ich kinderlos? In der Bibel heißt das Wort dafür *unfruchtbar*. Dieses Wort macht mir Angst. Es klingt für mich nach Versagen oder nach Strafe. Vielleicht auch nach Schuld. Das empfinde ich wie einen negativen Stempel. „Unfruchtbar" – furchtbar! Ich sehne mich so sehr danach, schwanger zu sein, ein Baby zu erwarten und Mama zu werden!

7.2.03 – Zu Beginn des neuen Jahres stelle ich mir die gleiche Frage wie im letzten Jahr: „Werde ich schwanger werden?" Mein Herz ist schwer und voller Tränen. Ich bekam heute meine Regel. „Mein Gott, ich liege dir immer wieder damit in den Ohren: ich wäre so gern schwanger! Du weißt den besten Weg für mich – daran klammere ich mich. Doch traurig bin ich doch."

Meinen Eltern kann ich nicht von diesen Sorgen erzählen. Warum eigentlich nicht? Aus Angst, aus Scham, aus mangelndem Vertrauen? Was ist es? Ich glaube, es wäre gut, wenn ich sie ins Vertrauen ziehen könnte. Aber ich fürchte mich davor, dass dann ein noch größerer Erwartungsdruck auf mir lastet. Wenn ich mich ihnen gegenüber öffnen würde, würde das wahrscheinlich in der ganzen Verwandtschaft erzählt werden. Das möchte ich nicht! Ich fürchte mich vor verletzenden Fragen, vor zu viel Mitleid und vor permanenten Nachfragen, ob es etwas Neues gibt…

11.12.03 – Heute sprach ich beim Frauenarzt zum ersten Mal unseren Kinderwunsch an. Der Arzt sah sofort, dass mir die Zeit davon läuft und riet dazu, dass Maik ein Spermiogramm machen lassen soll. Nach einer Ultraschalluntersuchung kündigt mir der Arzt an, dass ich zu einer Bauchhöhlenspiegelung gehen soll. Was kommt da alles auf mich zu? Ich habe Angst vor der Untersuchung, vor dem Ergebnis und vor den Schmerzen danach.

Ich erzählte endlich meinen Eltern von meinen Sorgen. Es kostete mich sehr viel Überwindung, doch am Ende tat es mir gut. Meine Freundin ist schwanger! Ich ahnte es, als ich sie sah. Ihre Augen leuchteten. Bald wird sie Mutter sein... Ich schluckte meine Beklemmung hinunter.

8.5.04 – Heute Morgen begann meine Regel. Ich nahm starke Schmerzmittel. Sie kam fast drei Tage zu spät. Drei Tage fragte ich mich immer wieder: „Vielleicht hat es doch einmal geklappt? Kleines Wesen, falls du da bist, bist du herzlich willkommen!" Diese Worte lösen bereits ein leises Glücksgefühl in mir aus. Ich ließ diese Gedanken nur sehr kurz zu, um mich vor einer eventuellen Enttäuschung zu schützen. Jetzt ist meine Regel da und ich bin so traurig. Werde ich nie schwanger sein? Werde ich nie mein Kind stillen? Werde ich nie mein Kind ins Bett bringen dürfen? Werde ich nie erleben, dass mein Kind in meine Arme läuft? Ich weine und weine...

22.5.04 – Die OP ist überstanden! Beide Eileiter sind frei! Aber ich habe eine stark ausgeprägte Endometriose (Versprengung der Gebärmutterschleimhaut). Die Blase, ein Eileiter und ein Stück Darm wurden von den Wucherungen der Gebärmutterschleimhaut freigeschnitten. Die OP dauerte vier Stunden. Jetzt habe ich laut Arzt in den nächsten 6-12 Monaten eine fünfzigprozentige Chance, schwanger zu werden.

15.9.04 – Ich wusste, dass irgendwann die Trauer kommt und die Hoffnung geht. Seit fast drei Jahren warten wir auf Kinder. Heute nahm ich die Postkarte mit meinem Lieblingskinderfoto von der Pinnwand. Sie liegt zerrissen vor mir. Es tut mir so weh, das zerrissene Kindergesicht zu sehen. Es ist nicht nur die Karte, die zerrissen ist...
Ich möchte mich bei meinem Mann ausweinen. Er versucht mir mit verschiedenen Argumenten Hoffnung auf ein Kind zu machen. Ich will aber gar nichts hören von Hoffnung. Er weiß nicht, wie er mit mir umgehen soll. Seine Hilflosigkeit macht ihm, glaube ich, mehr zu schaffen als die Trauer um die Kinderlosigkeit. Er versteht mich und meine Gefühle nicht wirklich. Dementsprechend schwer fällt es mir, ihm davon zu erzählen. Ich bin unendlich müde und traurig.

8.10.04 – Wir erfuhren gestern in der Kinderwunschsprechstunde, dass wir nur mit künstlicher Befruchtung eine Chance auf ein Kind haben werden. Sollen wir das machen lassen? Wo sind die ethischen Grenzen? Ist es richtig, eine befruchtete Eizelle gegebenenfalls wegzuschmeißen? Die Chance auf ein Baby scheint so greifbar nah zu sein. Ich bin zu fast allem bereit. Maik lehnt aus ethischen Gründen eine künstliche Befruchtung ab. Was nun? Mein Gott, welchen Weg sollen wir gehen? Wegen der Endometriose bekam ich heute eine Hormon-Depot-Spritze in den Bauch. Ich werde für sechs Monate in die Wechseljahre versetzt. Ich habe Angst, dass diese Behandlung negative Spätfolgen haben kann. „Jesus, warum bekomme ich keine Kinder? Warum heilst du meine Krankheit nicht? Wo bist du?! Was sagst du zu mir? Ich renne allein durch die Finsternis. Ich bin so allein und voller Schmerz. Wo bist du mein Gott??"

Ich kann die Tipps von Freunden und Verwandten nicht mehr hören! „Adoptiert doch ein Kind." „Macht doch eine künstliche Befruchtung." „Bleibt locker." „Deine Wünsche müssen am Kreuz sterben." „Du bist frei für andere Aufgaben." Meine Mutti sagte zu mir: „Ach, es wäre so schön gewesen, wenn wir dich besucht hätten und da wäre ein kleines Kind da." Mir tut das alles so weh! Am liebsten sind mir diejenigen, die mir einfach zuhören, vielleicht sagen, dass das alles ein Mist ist und dass sie mir leider nicht helfen können. Aber dass sie für mich beten. Dann fühle ich mich verstanden und angenommen. Maik legt mir morgens einen Zettel mit lieben Worten hin. Meine Freundin Carmen versteht mich. Jesus kennt mich. Mein Vati betet für mich, und viele andere Freunde auch. Das tut mir gut.

16.10.04 – Beim Zähneputzen überkam mich plötzlich ein heftiger Weinkrampf, doch wegen der Endometrioseschmerzen tat das Weinen so weh. Ich legte mich ins Bett, die Schmerzen tobten und ich war völlig durch den Wind. In mir tobte ein Sturm von Trauer. Ich flehte Jesus an, mir Ruhe und Frieden zu verschaffen. Urplötzlich legte sich der Sturm und ich konnte aufhören zu weinen. Erleichtert und traurig schlief ich später ein.

28.10.04 – Heute haben wir wieder einen Termin in der Kinderwunschsprechstunde. Wenn alle Untersuchungsergebnisse vorliegen und die Hormontherapie beendet ist, müssen wir entscheiden, ob wir die Insemination, die künstliche Befruchtung oder gar nichts machen. Ich bin sehr aufgeregt.

Sechs Stunden später: Das Spermiogramm ist in Ordnung! Als wir die Praxis verlassen, erschallt aus einem Lautsprecher im Treppenhaus das christliche Lied: „Wir werden Wunder sehn...". Ich wage nicht, diesen Vorfall zu interpretieren. Aber es tröstet mich, dass Gott da ist.

Ich kämpfe mit der Frage, ob wir eine künstliche Befruchtung machen sollen. Diese Entscheidung fällt mir unendlich schwer! Für die Behandlung spricht, dass die Chance, schwanger zu werden, am größten ist. Dagegen steht: ich habe ein ungutes Gefühl in mir, die psychische Belastung steigt enorm an, unangenehme Untersuchungen, Behandlungen und ein Aufwand an Zeit und Geld kommen auf uns zu und dazu die Frage, ob es vor Gott OK ist? Letztlich ringe ich mich dazu durch, die künstliche Befruchtung aus ethischen Gründen abzulehnen. Wütend klagte ich Gott an, dass mir die Beziehung zu Ihm nichts bringt, wenn ich Ihn nicht spüre in meinen dunkelsten Momenten! Ich schrie Ihn an: „Behalte doch deine Kinder, das ist mir doch egal!“ Ich war so wütend!

28.12.04 – Es geht mir nicht gut, und langsam macht es mir Angst, dass es nicht besser wird. Mir ist alles zuviel. Jedes Telefonat, jeder Besuch, jeder Termin verlangt mehr Kraft als ich habe. Bei Kleinigkeiten bin ich nervlich so an der Grenze, dass ich zu weinen beginne. Das Weihnachtsfest wurde zu einer Katastrophe. Sabine und Thomas schenkten uns zu Weihnachten einen Überraschungsbrief. Als ich den Brief öffnete, fiel mir ein Ultraschallbild mit der Nachricht der Schwangerschaft meiner Schwester in die Hände. Ich war wie vom Blitz getroffen. Meine Mutti sagte am Telefon: „Vielleicht ist das der Anstoß, dass es bei euch auch bald klappt.“ Warum schenkt mir meine Schwester als Weihnachtsgeschenk ihre Schwangerschaft? Sie weiß doch, wie es mir geht! Ich konnte es nicht fassen. Ich war wütend und tief verletzt.

Meine Oma setzte noch eins drauf: „Weißt du was, wir sind alle sehr glücklich und du musst deine Traurigkeit jetzt auch einmal beiseite legen. Wenn du traurig bist, betrifft das ja auch uns.“ Das tat mir so weh! Maik und ich fuhren zu meinen Eltern, um mit ihnen zu sprechen. Mir war angst und bange. Es fiel mir so schwer und ich konnte meine Tränen nicht stoppen. Maik sagte ihnen, dass wir keine medizinische Behandlung mehr machen lassen und dass es ein Wunder wäre, wenn ich Kinder bekäme. Meine Familie zeigte sich sehr betroffen von dieser Nachricht und von meiner Trauer. Jetzt ist endlich der Druck von ihrer Seite weg! Ich spüre, dass ich keine Worte mehr finde, die beschreiben könnten, wie es mir geht. Ich wünsche mir für das neue Jahr Freude, Frieden und Zuversicht: „Jesus, nimm mich an Deine Hand und führe mich durch dieses dunkle Tal. Ich brauche Dich! Ich danke Dir, dass Du lebst. Und ich danke Dir auch für meinen Mann, er tut mir so gut.“

2.1.05 – Morgen steht die zweite Bauchhöhlenspiegelung an. Ich bin angespannt und ich fürchte mich vor dem Moment, wo ich auf dem OP-Tisch liege, rasiert werde und das OP-Team um mich herumsteht. Eine gynäkologische OP ist etwas anderes als eine Gallenblasen-OP. Ich fühle mich so verletzlich. Was kommt 2005 auf mich zu? Ich wage nicht mehr, die Frage nach einem Kind zu stellen. Aber in mir ist immer noch Hoffnung! Vielleicht haben ja die Hormontherapie und die OP etwas gebracht? Vielleicht tut Gott noch ein Wunder?

4.2.05 – Die Endometriose wuchs trotz der Hormontherapie weiter. Wir haben jetzt die Wahl: entweder sofort die Pille nehmen (als „Medikament“ zur Endometriosebehandlung) oder schwanger werden ... Sofort die Pille zu nehmen kann ich mir absolut nicht vorstellen. Wir entscheiden uns dazu, ab dem Einsetzen der Regel nach der Hormontherapie drei Monate gar nichts zu machen. Vielleicht tut Gott ein Wunder? Die Ärzte raten uns davon ab, weil dann die Endometriose wieder wachsen kann. Aber wir können nicht anders.

20.7.05 – Es geht mir gut! In letzter Zeit nahm ich mir viel Zeit zum Auftanken. Ich war ein paar Tage wandern und Rad fahren und ich arbeite nicht mehr soviel. Bin ich schwanger? Diese drei Wörter lösen in mir eine Flut von aufregenden Gedanken und Gefühlen aus. Seit Ende April, dem Ende der Hormontherapie, warte ich auf meine Regel. Ich bat Gott um ein Zeichen. Heute starrte ich auf einen Kugelschreiber mit der Aufschrift: „schwanger?“. Drehe ich jetzt durch? Gestern hätte ich mir fast einen Schwangerschaftstest gekauft. Doch ich fürchte, wenn ich damit einmal anfange, kaufe ich jeden Monat einen. Wie soll ich die nächsten vier Monate überstehen?

4.9.05 – Nicht schwanger. Regelschmerzen. Ich habe keine Worte mehr.

28.10.05 – Gestern setzte meine Regel wieder ein. Ich bin abgestürzt. Mir wurde schlagartig bewusst, dass nun die drohende Kinderlosigkeit Realität wird. Sie ist so schmerzhaft nah. Wir haben noch einen letzten Monat Zeit. Ich muss mir einen Termin bei meiner Frauenärztin besorgen, um die Pille zu bekommen. Seit heute schmerzt mich eine Stelle zwischen Magen und Zwerchfell. Ist das ein neuer Endometrioseherd? „Jesus, wo bist Du? Warum schweigst Du? Warum lässt Du mich seit Jahren warten und hoffen? Warum lässt Du zu, dass ich im Vertrauen auf Deine Hilfe das Risiko einging zu warten, und nun wächst die Endometriose weiter? Warum heilst Du mich nicht? Jesus, ich fühle mich von Dir im Stich gelassen. Dein Wort sagt es anders. Aber ich merke nichts davon!“

7.11.05 – Diese Woche ist die letzte Woche in meinem Leben, wo ich schwanger werden könnte. Das ist so krass! Es ist so unwirklich, dass ich das bin, die das erlebt. In 14 Tagen werde ich wissen: ich bin schwanger oder ich bleibe kinderlos. Ich fühle Hoffnung. Sie kommt einfach und nistet sich in meine Gedanken ein. „Jesus, ich würde so gern wissen, was Du dazu sagst. Aber ich höre Dich nicht."

Wenn das Wunder geschieht, werde ich allen davon erzählen! Ich werde mein Glück nicht fassen können. Maik und ich werden Eltern werden. Ich werde zur Frauenärztin gehen und auch mit so einem Geschenkpaket für werdende Mütter und mit einem Mutterpass nach Hause gehen. Ich werde weinen und jauchzen vor Glück...

Oder ich spüre in einer Woche das Ziehen in meinen Brüsten, bekomme Pickel und kurz vor der Regel Migräne. Dann weiß ich: es ist aus. Der Traum, die Hoffnung ist vorbei. Endgültig. Wir werden kinderlos sein. Nie wissen wie das ist, schwanger zu sein. Keine Geburt erleben. Nicht stillen. Kein Kind ins Bett bringen. Oder in den Kindergarten. Nie Weihnachten mit eigenen Kindern erleben. Wir werden frei und unabhängig unsere Freizeit gestalten können. Der letzte Satz ist kein Trost!

27.11.05 – Am 22.11. machte ich einen Schwangerschaftstest. Ich hielt es einfach nicht mehr aus. Ergebnis: negativ. Ich lenkte mich ab so gut es ging, wollte die Trauer nicht zulassen. Nach dem Test schaute ich in die Herrnhuter Losung. Da stand: *„Tu ein Zeichen an mir, dass du's gut mit mir meinst." (Psalm 86,17)* und: *„Jesus spricht: Alles, was ihr bittet in eurem Gebet, glaubt nur, dass ihr's empfangt, so wird's euch zuteil werden." (Mk. 11,24)*. Als Spruch darunter: „Gott sei mit dir, wenn du enttäuscht und traurig bist, dass deine Wunden heilen und die zerstörte Hoffnung noch einmal in dir aufsteht." (C. Spilling-Nöker) Besonders der untere Text ließ mir den Atem stocken. Ich bin hin- und hergerissen zwischen Hoffnung und Trauer. - Meine Regel ist den 5. Tag überfällig! Der zweite Schwangerschaftstest: negativ! Ich bin total durcheinander.

30.11.05 – Meine Periode hat eingesetzt. Ich nahm die erste Pille. Das war's also. Nach vier Jahren weiß ich: keine Schwangerschaft, keine Kinder.

27.12.05 – Innerlich bin ich wie gelähmt. Die letzten Wochen waren sehr schwer. Was sollten all die Hoffnungszeichen in den vergangenen Jahren? Warum kam keine Antwort? Ich frage mich, ob wir Gottes Reden oft falsch interpretieren. Manchmal scheint ein Gedanke, ein Lied, ein Losungswort so passend zu sein. Ist es aber wirklich Gottes Reden? Mein Vertrauen darin ist weg. Ich kann nicht mehr Bibel lesen, nicht beten. Ich kämpfe gegen depressive Stimmungen. Gestern war ich joggen. Ich will ans Licht, ins Leben! Fort von Schwere und Traurigkeit. Fort von den Tränen und Sorgen. „Bitte hilf mir mein Gott! Verlass mich nicht! Höre mein Rufen und Schreien, mein Seufzen und Klagen! Schenke mir Deinen Frieden, Herr."

12.2.06 – Mein Bruder und seine Frau erwarten ihr erstes Kind. Es tut mir so weh! Die Trauer überrollt mich wie eine riesige Welle aus Schmerz. Sie schlägt so über mir zusammen, dass ich das körperlich spüre. Mir zerreißt es fast das Herz. Wann nimmt das ein Ende?

26.2.06 – Es tut mir gut, meinen Schmerz über die Kinderlosigkeit zu Jesus ans Kreuz zu bringen. Die Gebete der Anderen trösteten mich. „Ich will mein Herz für Dich offen halten. Ich will mich nicht vor Dir verstecken. Ich gebe Dir meine Hand und gehe mit Dir weiter, mein Gott. Ich liebe Dich. Bitte halte mich fest."

13.5.06 – Es geht mir gut. Die Trauer um die Kinderlosigkeit raubt mir nicht mehr so viel von meiner Kraft und Lebensfreude. Ich arbeite gern. Ich liebe meinen Mann.

22.6.06 – Die Trauer und der Schmerz sind wieder da. Ich bin mit Tränen voll bis an den Rand – wie eine sprudelnde Quelle, auf die jemand einen Stein gelegt hat. In meiner Verzweiflung schlage ich wahllos die Bibel auf, um vielleicht ein Trostwort zu finden.

Jeremia 31,15: „So spricht der Herr: Horch! In Rama hört man Totenklage, bitteres Weinen. Rahel beweint ihre Kinder. Sie will sich nicht trösten lassen über ihre Kinder, weil sie nicht mehr da sind." Ich weiß, dass Rahel in einer anderen Situation war als ich. Aber ihr Weinen ist wie mein Weinen: bittere Tränen! Sie wollte sich nicht trösten lassen! Besser kann ich meine Situation nicht beschreiben. Gott weiß, wie es mir geht. Er kennt ganz sicher meinen Schmerz. Und er weint mit mir.

August 2009 – Durch zu viel Arbeit, die vielen Schmerzen und die starke psychische Belastung der hoffnungsvollen und verzweifelten Jahre geriet ich vor zwei Jahren in einen Erschöpfungszustand, von dem ich mich nicht mehr allein erholen konnte. Ich erhielt eine siebenwöchige Reha-Kur und ging zur Seelsorge. Das half mir, wieder auf die Beine zu kommen. Ich kenne jetzt meine Grenzen besser und bin wieder belastbarer. Meine Trauerzeiten wurden allmählich seltener. Inzwischen kann ich unsere Kinderlosigkeit annehmen und meist gut damit leben. Es schmerzt mich längst nicht mehr so stark, Nachrichten von schwangeren Freundinnen zu erhalten. Ich lebe wieder gern! Und ich bin immer noch oder immer wieder dabei zu lernen, auch in Not und Leiden Freude zu bemerken und in Gottes Frieden zu bleiben.

Es geht mir wieder gut! Ich weiß wie es ist, ganz unten zu sein und eines Tages doch wieder aufzustehen. Ich habe an Tiefe und innerer Stärke gewonnen.

Foto: privat

Mit Marilyn Monroe im Kinderwunschzentrum

Gabriela, 41 Jahre

Ein Termin im Kinderwunschzentrum. Erwartungsvoll fahre ich in die 80 Kilometer entfernte Stadt. „Die sind die Besten in der Region!“ Das habe ich sowohl von meiner Ärztin als auch von meiner Heilpraktikerin gehört. Sie hatten mir eine Hormonbehandlung vorgeschlagen. Da ich schon vierzig Jahre alt bin, ist zunächst eine Blutuntersuchung notwendig, um festzustellen, ob ich überhaupt noch fruchtbar bin. Also mache ich mich am Beginn des neuen Zyklus auf den Weg.

Leitbild Marilyn Monroe?

Das Zentrum für Reproduktionsmedizin – wie das Kinderwunschzentrum offiziell heißt – liegt in einem modernen Bürogebäude zusammen mit einer Versicherung und einem Sachverständigenbüro. Ein bizarrer Ort. Hier finden also künstliche Befruchtungen statt!? Hier, direkt an einer der großen Einfallstraßen der Stadt, werden seit Jahren Kinder gezeugt? Mich durchschauert es. In meiner Phantasie hatte ich mir einen heimeligeren Ort vorgestellt. Nun gut. Der Empfangsbereich verbreitet auf den ersten Blick etwas Wärme, da er mit dunklem Holz eingerichtet ist. Zwei lange, hohe Tresen trennen den Wartebereich von den Behandlungsräumen, dem Allerheiligsten der Reproduktionsmedizin.

Zwischen dem Eingang und dem Wartezimmer, direkt gegenüber vom Empfang, dominiert eine zwei Meter fünfzig mal fünf Meter große Collage von Marilyn Monroe den Raum. Ein Warhol oder ein Warhol-Verschnitt. Ich „stolpere“ darüber. Marilyn Monroe als riesige Ikone im Kinderwunschzentrum!? Eine kinderlose Frau? *Das* Sexsymbol des zwanzigsten Jahrhunderts? Es gibt für mich kaum eine so über den Mann definierte Frau wie Marilyn Monroe. Eine unglückliche Frau, bei der Innen und Außen überhaupt nicht im Einklang waren. Um ihren Tod ranken sich Legenden: Entweder hat sie sich das Leben genommen, oder sie wurde ermordet. Diese Frau – hier? Welches Frauenbild wird da transportiert? Gehört das zum Leitbild dieser Einrichtung? Mich beschäftigt dieses Marilyn-Monroe-Bild bis heute. Und die Frage, ob andere Frauen das Bild auch bewusst wahrnehmen, ob es Fragen in ihnen aufwirft. Mich wühlt das Bild auf. Mit meinem Selbstverständnis als Frau, mit meiner Lebenswelt und erst recht mit meinem Kinderwunsch hat Marilyn Monroe nichts zu tun. Mich wühlt die ganze Institution Kinderwunschzentrum auf.

„Lasst uns Menschen machen als unser Abbild“ (1. Mose 1, 26 EÜ)
Ich erlaube mir, weitere Fragen zu stellen. Fragen, die ich schon mitgebracht hatte, aber die ich nicht denken wollte. Schließlich ist das Kinderwunschzentrum vielleicht meine letzte Hoffnung. Dennoch: Mit welcher Motivation haben sich Gynäkologen – Männer also – hier zusammen getan, um ein Zentrum für Reproduktionsmedizin zu eröffnen?

„Lasst uns Menschen machen als unser Abbild“, so spricht Gott in der Schöpfungsgeschichte der Bibel. Dieser Satz steigt in mir hoch, als ich im Wartezimmer Platz nehme. Woran beteilige ich mich hier, wenn ich das Angebot dieser Institution nutze? Mir wird immer mehr klar, dass für mich eine künstliche Befruchtung nicht in Frage kommt. Neues Leben mit einem Akt der Gewalt beginnen? Mit dem Durchstoßen der Schutzhülle einer Eizelle durch eine Nadel, dem gewaltsamen Eindringen und Einbringen des Samens? An das Wunder einer natürlichen, „normalen“ Befruchtung wollte ich nie rühren. Ich bin fasziniert von dem komplexen Vorgang, bei dem Ei- und Samenzelle durch Botenstoffe miteinander kommunizieren und sich die Eizelle einer bestimmten Samenzelle – nicht der erst(best)en – öffnet.

Mein Körper trifft eine Vorentscheidung. Als es ums Blut abnehmen geht, rollt sich meine Vene zur Seite – das ist mir vorher noch nie passiert!

Mein Mann unterstützt mich unabgesprochen. Es ist ihm nicht möglich, an diesem Ort zu ejakulieren und eine Samenprobe abzugeben. (Da das Ergebnis meiner Blutuntersuchung positiv war, sollte jetzt geklärt werden, ob die Spermien meines Mannes in Ordnung sind.)

Vertrauen in Gott
Wir sind aus dem *Machen* herausgetreten und vertrauen uns jetzt wieder dem Leben und Gottes Ratschluss an. Mit einundvierzig ist noch nicht alles vorbei, denn medizinisch steht einer Schwangerschaft nichts im Weg. Und falls sich unsere Sehnsucht nach einem eigenen Kind doch nicht erfüllt, so vertrauen wir darauf, dass wir auch als kinderloses Ehepaar glücklich miteinander leben können. Außerdem genießen wir es, von den Kindern unserer Freunde als Onkel und Tante in Anspruch genommen zu werden.

SCHNITT

Sagst du
schneid ab das Band
zum stummen Sternenkind

Sag ich
greif in das Gras
und ernte Klee der wächst

Spür meine kalte Hand

Maria Roßner

Erfüllt – trotz unerfülltem Herzenswunsch?!

Doreen, 42 Jahre

Unbekümmert und beschenkt

Es war ein herrlicher Frühlingstag vor siebzehn Jahren - die Knospen der Bäume brachen innerhalb weniger Tage auf, und wir konnten über die wärmende Sonne und die Blütenpracht um uns herum nur staunen: Unser Hochzeitstag! Wie sehr freuten wir uns auf diesen besonderen Augenblick und den gemeinsamen Lebensweg. Wir fühlten uns beide reich beschenkt von Gott, äußerlich und innerlich. Unbekümmert starteten wir mit 25 und 27 Jahren in unsere Ehe, von Anfang an offen für Familie. Unseren Hochzeitsurlaub genossen wir in vollen Zügen. Beide sehr kinderlieb, mit mehreren Geschwistern aufgewachsen, hatten wir uns als Mitarbeiter auf einem Kinder-Zeltlager kennen gelernt, und nun freuten wir uns sehr auf eigenen Nachwuchs – möglichst bald.

So anders als geplant

Monat für Monat verstrich, und ich bekam sehr regelmäßig meine Tage – trotz „Auskosten der optimalen Zyklus-Zeit" für eine Schwangerschaft. Schon bald schlichen sich bei uns erste beunruhigende Gedanken ein: Könnte es sein, dass es gar nicht so selbstverständlich ist, ein Kind zu bekommen und Mama und Papa zu werden? Nein – nicht wirklich! Wir sind ja noch jung, wir brauchen nur etwas Geduld. Die Zeit zu zweit tat unserer Beziehung auch ganz gut, eben um als Ehepaar zusammenzufinden.

So versuchten wir uns selbst über die besorgniserregenden Momente hinwegzuhelfen. Die Zeit verging und neue Fragen tauchten auf: Als Krankenschwester arbeitete ich im üblichen Schicht- und Wochenenddienst, und diese Arbeitszeiten sind nicht unbedingt ehe- und gemeindefreundlich. Eigentlich wollte ich mit der Geburt unseres erwünschten Kindchens recht bald aus der Berufstätigkeit aussteigen – obwohl ich meinen Beruf sehr liebte! Was nun? Wir hatten uns den Start in unsere Ehe so ganz anders vorgestellt! Ein Jahr nach unserer Hochzeit beschloss ich, meine Arbeitszeit in der Gemeindekrankenpflege auf 50 % zu reduzieren. Das würde zeitlich entlasten, den Stress mindern und uns mehr Freiraum für unsere Zweisamkeit schaffen. Optimale Bedingungen für eine Schwangerschaft – oder?

Ehrlich und offen

In diese Zeit fiel auch der nächste Vorsorgetermin bei meinem Gynäkologen. Ich kannte ihn schon von der Arbeit im Krankenhaus, und so war

Vertrauen gewachsen. Die Namensänderung „verriet“ unsere Heirat. Er fragte ganz unverblümt, wie es bei uns mit dem Kinderwunsch aussehen würde. – Damit hatte ich nicht gerechnet! Was sollte ich antworten? Mein Mann und ich hatten bisher mit niemandem über unsere Erfahrungen gesprochen. Sollte der Arzt der Erste sein, der davon erfuhr? Ich entschied mich innerhalb weniger Sekunden, die Chance zu nutzen. Ich wollte ehrlich sein. So erzählte ich ihm offen, dass wir uns Kinder wünschen, aber es bisher nicht „geklappt“ hat. Damit begann schon recht früh der medizinische Untersuchungsweg. Zunächst nur mit dem Messen der Basaltemperatur. Nur? Nein, es war nicht nur die Temperaturkontrolle, es begann ein Auseinandersetzen mit meinem Körper. War der Verlauf der Kurve in Ordnung? Kam es zu einem Eisprung? Wo würde sich ein Defizit zeigen?

Was wäre, wenn...?

Bei einem ersten Auswertungsgespräch nach vier Monaten informierte uns der Gynäkologe über weitere Abklärungsmaßnahmen. Dazu gehörte auch ein Arztbesuch meines Mannes beim Urologen. An wem wird es wohl liegen? Ist nur ein Partner „schuld“, oder haben wir beide unseren Anteil? Wird überhaupt eine Ursache festgestellt werden? Wie wird die Diagnose lauten? Welche Möglichkeiten wird es von der Medizin her geben? Fragen, die uns nun beide sehr beschäftigten. Wir beschlossen zu diesem Zeitpunkt, dass wir zueinander stehen wollen – egal, was herauskommt.

Es sollte unser Geheimnis bleiben, was die Ursache der bisherigen Kinderlosigkeit ist und bei wem sie liegt. Wir wollten die Last gemeinsam tragen – was unserer Beziehung sehr gut tat! Eine Erklärung gab es noch nicht, aber Ahnungen und Befürchtungen machten sich bei mir breit. Was wäre, wenn...?

Auf der Suche

Die ersten unserer Freunde, die im selben Jahr wie wir geheiratet hatten, waren schon glückliche Eltern und verschickten toll gestaltete Geburtsanzeigen – ich suchte nach Information und Literatur zur ungewollten Kinderlosigkeit. Ein schwieriges Unternehmen, wie ich leider feststellen musste, besonders dann, wenn es auch noch Gedanken aus christlicher Sicht sein sollten. Vor 16 Jahren war dieses Problem noch weitgehend tabu! Ich entdeckte in den Buchhandlungen viele Bücher zum Thema Schwangerschaft, Geburt und Erziehung, jedoch keine über den unerfüllten Kinderwunsch. Mit wem konnten wir unsere Ängste und Fragen, unsere Unsicherheit teilen? Wo konnten wir Hilfe, Ermutigung und Wegweisung bekommen? Gefühle der Einsamkeit machten sich breit: „auf weiter Flur alleine“! Wir kannten niemanden, der selbst betroffen war.

„Wir hätten so gerne ein Kind“ von Mary Mealyea und „Wenn die Wiege leer bleibt“ von Erich Herrmann sind zwei Bücher, auf die ich erst nach längerem Suchen gestoßen bin. Wie sehr fanden wir uns darin wieder – mit unseren Gefühlen, Empfindungen und Erfahrungen. Wie gut tat das, wir fühlten uns verstanden – und doch: Es war eine Seite. Die andere zeigte uns die Möglichkeiten der Reproduktionsmedizin auf. In meiner Ausbildung zur Krankenschwester hatte ich das alles schon mal gehört, aber nun betraf es mich so ganz persönlich. Das ging unter die Haut!

Wie weit konnten und wollten wir gehen? Welchen Weg können wir als Christen vertreten und welchen auch nicht? Wie sieht Gott das „menschlich Machbare“? Wo und wann setzen wir persönlich eine Grenze? Fragen über Fragen, mit denen wir konfrontiert wurden, uns auseinandersetzen mussten und überfordert fühlten. Sie bestimmten viele unserer Gespräche! Wie gut, dass wir überhaupt darüber reden konnten, auch wenn sich mein Mann deutlich schwerer damit tat.

Die folgenschwere Entscheidung

Im Beten und Ringen vor Gott, Prüfen unseres Gewissens und Abwägen der ethischen Gesichtspunkte kamen mein Mann und ich in relativ kurzer Zeit zu folgendem Entschluss: Wir persönlich können uns keine künstliche Befruchtung vorstellen, wir haben keine Freiheit für diesen Weg. Wir können diese medizinische Möglichkeit nicht mit unserem Glauben und Gottesbild vereinbaren. Welch ein Geschenk, dass wir das beide – unabhängig voneinander – so sehen konnten. Diese Entscheidung stand, *bevor* wir überhaupt eine Diagnose hatten, und das war gut so! Diese Grenze hatten wir uns gesetzt, und diese wollten wir einhalten!

Inzwischen hatte mein Mann sein Ejakulat „auf Termin“ abgegeben – was das bedeutet, wissen alle Betroffenen – und ich hatte verschiedene Ultraschalluntersuchungen und Blutabnahmen während eines Zyklus unter Clomifengabe hinter mir. Der „Tag der Resultate“ rückte näher, das Herzklopfen, die Anspannung, die Ängste wuchsen. Was für eine Nachricht werden wir bekommen? Wird das von uns Befürchtete von Seiten der Ärzte definitiv bestätigt werden? *Was ist danach?*

„Mit diesem Befund gibt es nur den Weg der künstlichen Befruchtung, um überhaupt schwanger zu werden“- so lautete die Beurteilung (oder besser das Urteil?) der Ärzte, sowohl des Andrologen, als auch des Gynäkologen. Sie waren sich einig – und wir uns auch! Betretenes

Schweigen. Innerlich brach eine Welt in mir zusammen, auch wenn ich im Tiefsten damit gerechnet hatte. Doch nun war es ausgesprochen, medizinisch begründet – einfach endgültig!

Irgendwie brachte ich noch unsere getroffene Entscheidung über die Lippen: „Nein, wir wollen keine künstliche Befruchtung.“ *Und das bedeutete – menschlich gesehen – ein Leben ohne eigene Kinder!*

Unverständnis auf Seiten des Arztes folgte. Benommen, gedanklich abwesend, innerlich total aufgewühlt und gleichzeitig doch so leer, machte ich mich mit meinem Mann auf den Heimweg. Herausfordernde Tage und Nächte folgten.

Hilfe - woher?

„Meine Hilfe kommt vom Herrn, der Himmel und Erde gemacht hat. Er wird deinen Fuß nicht gleiten lassen, und der dich behütet, schläft nicht. Der Herr behüte deinen Ausgang und Eingang von nun an bis in Ewigkeit.“ Unser Trauspruch aus *Psalm 121, 2.3.7*, den wir selbst ausgewählt hatten.

Hilfe? Ja, diese benötigte ich dringend – ich selbst war einfach nur hilflos! Woher? Vom Herrn, der Himmel und Erde gemacht hat, vom Schöpfer allen Lebens? War das nicht total widersprüchlich, wenn er uns persönlich ‚neues Leben‘ versagte?

Er wird meine Füße nicht gleiten lassen. Hatte ich nicht gerade jetzt das Empfinden, den Boden unter den Füßen zu verlieren? Aber: Von wem konnte ich sonst Hilfe erwarten, wenn nicht von Gott, meinem himmlischen Vater? Von ihm, dem ich bisher vertraute, dessen Kind ich war, der so viel Gutes in mein Leben hineingelegt hat, von dem ich mit einem tollen Ehemann beschenkt wurde? Und doch: Warum sollten gerade wir kinderlos bleiben? Hat nicht Gott selbst den Wunsch nach Kindern in uns hineingelegt, ja sogar den Auftrag gegeben: *„Seid fruchtbar und mehret euch?“* – Einblicke in die Kämpfe meiner Seele. Unverständnis, Zweifel und die Frage nach dem Warum!

Wie froh war ich damals und bin ich heute, dass mich all diese heftigen und existentiellen Erfahrungen in die offenen Arme Gottes trieben. Bei ihm durfte ich alles „rauslassen“. Allen Schmerz, alles Nichtverstehen, alle Verzweiflung. Er war und ist mein Zufluchtsort, trotz allem und in allem!

In dieser Zeit wurde ich sehr an die Kämpfe Jesu im Garten Gethsemane erinnert, im Ringen um Gottes Wegführung: *„Wenn es möglich ist, Vater, so lasse diesen Kelch an mir vorüber gehen. Doch nicht mein, sondern dein Wille geschehe!“* Mein Kelch war der unerfüllte Kinderwunsch.

Dein Wille geschehe

Drei so schwere Worte, wenn die Gefühle so anders sind. Und doch traf ich erneut eine Entscheidung aus tiefstem Herzen: Ich will weiter an den Gott der Bibel glauben und ihm vertrauen. ER hat mein Leben in der Hand, wo es mir zwischen den Fingern zerrinnt. Ihm entgleitet keine Situation. Er steht zu seiner Verheißung, dass er einen guten Plan für mein Leben hat, auch wenn ich unter *gut* etwas anderes verstehe oder ich vieles im Leben nicht verstehen kann.

Könnte ich Gott verstehen, dann wäre er nicht mehr Gott! Seine Liebe steht über meinem Leben, egal wie der weitere Weg auch aussehen mag. Seine Liebe zeigt sich nicht (unbedingt) in der Erfüllung meiner Wünsche, sondern darin, dass Jesus für mich zum Lebensretter wurde. Nein, das war keine Resignation und kein frustriertes Ausliefern an Gott! Ich wollte (ganz neu) Vertrauen lernen, mitten im Sturm meines Lebens!

Damit begann für mich einerseits schon der Prozess der Verarbeitung und des JA-Findens zur Kinderlosigkeit – eine Art Trauerarbeit. Andererseits traute ich Gott uneingeschränkt zu, dass er ein Wunder tun und uns entgegen allen ärztlichen Prognosen ein Kind schenken kann. Er hat es auch bei Sarah, Rebekka und Hannah in der Bibel getan. Mein Mann und ich baten ihn sehr lange und ganz konkret darum!

Offen für beide Wege: Kinderlosigkeit oder das wunderbare Eingreifen Gottes. Das ist eine enorme Spanne und Spannung in mir persönlich. Bei allen Möglichkeiten Gottes soll doch sein Wille geschehen! War damit alles gut und das JA gefunden? Nein, das war und ist ein Weg mit immer neuen Herausforderungen.

Nur nicht bitter werden - Das war mein großes Anliegen Gott gegenüber. Ich wollte mich mitfreuen können, wenn andere Nachwuchs erwarten und ich mit Kindern zusammen bin. Nicht der Schmerz und der Neid sollten die Beziehungen bestimmen! Wie vielen schwangeren Frauen und „süßen Babys" begegnete ich in dieser Zeit! Oder hatte ich gerade jetzt einen besonderen Blick dafür?

Dankbar kann ich heute bezeugen, dass ich hier Gottes Hilfe ganz konkret erlebt habe und das auch bewusst wahrnehmen konnte. Auch ein Wunder? JA!

„Wie sag ich's meinem Kinde" – nein, den Anderen?

Inzwischen waren wir zwei Jahre verheiratet, und vermehrt trafen uns gut gemeinte Bemerkungen zum Thema Nachwuchs: „Wann ist es denn bei euch soweit?" – „Das steht dir aber gut" (wenn ich z. B. ein Baby auf dem Arm hatte), „Ich hätte gedacht, dass es bei euch schneller geht ...“ Sie taten einfach nur weh. Stiche mitten ins Herz!

Es reifte der Entschluss, offen über unsere ungewollte Kinderlosigkeit zu reden. Warum sollten wir sie verbergen? Wir konnten schließlich nichts dafür! So „outeten“ wir uns ganz bewusst in der Familie, im Freundeskreis, in der Gemeinde und eine Zeit später auch am Arbeitsplatz. Wir versuchten, ganz natürliche Begegnungen und Anlässe dafür zu nutzen. Ein schwerer und für uns doch sehr hilfreicher Schritt.

Klar – die Reaktionen waren sehr unterschiedlich. Manche Worte blieben besser ungesagt… Anteilnahme und Dank über die Offenheit bis hin zur Hilflosigkeit, billigem Trost („das wird schon noch“) und auch Tipps, was da alles so helfen könnte und heute möglich ist. Wie gut tat es in der folgenden Zeit, wenn jemand nachfragte, wie es mir geht oder ich z.B. ein liebes Kärtchen zum Muttertag im Briefkasten fand.

Auch wenn nicht alle verletzenden Kommentare ausblieben, so wurde der Umgang miteinander doch einfacher und sicherer - sowohl für uns als Betroffene als auch für unsere Freunde und Wegbegleiter. Heute noch ergeben sich meist gute Gespräche, wenn ich offen darüber rede. Offenheit hilft, auch wenn sie verletzlich macht!

„Erschreckend heilsam.“

So kurz und prägnant fasste mein Mann unsere Erfahrungen nach einem Wochenende für ungewollt kinderlose Christen zusammen. Das erste Mal, dass wir auf ein solches Angebot stießen. Lange erhofft! Wie sehr sehnten wir uns nach dem Austausch mit Betroffenen. Zwanzig Ehepaare aus ganz Deutschland hatten sich aufgemacht. Eine ausgesprochen offene Atmosphäre von Anfang an. Uns verband dasselbe Leid. Allerdings steckten wir in sehr unterschiedlichen Phasen: Hoffen und Bangen, Untersuchung und Behandlung, Grenzen setzen und JA-Finden, Trauer und Zuversicht, Adoption und Pflegekinder.

Sehr betroffen machten uns vor allem die großen Nöte und heftigen Grenzerfahrungen der Paare, die in der Mühle der Kinderwunsch-Behandlung steckten. Wir beide wurden richtig froh und dankbar darüber, dass wir selbst so früh eine Grenze gesetzt haben. Wie viel Demütigung, Belastung der Beziehung, wie viele immense seelische Kämpfe und auch gesundheitliche Risiken blieben uns dadurch erspart! Wir hatten nicht das Gefühl, etwas verpasst zu haben. Wir sahen uns vielmehr bestätigt auf unserem Weg. Danke - Gott! Auch dafür, dass uns nie Zweifel an der gesetzten Grenze kamen!

Fragen zum Thema Adoption, die uns immer mal wieder beschäftigt haben, klärten sich in diesen Tagen. Wozu würden wir ein Kind adoptieren? Wäre es nicht deswegen, dass unser Wunsch erfüllt würde? Das war zu wenig, keine wirkliche Grundlage für diese besondere Herausforderung. Dafür bräuchten wir ein ganz klares Signal von Gott, das spürten wir. Eine Art Berufung, um dann auch in den schwierigen Phasen zu wissen, dass es kein eigener Weg war...

Was ist „dran"? Worin kann ich dann meine persönliche Erfüllung finden? Wo kann ich meine Zeit, Kraft und Liebe investieren – wenn nicht in eine Familie?

„Gott erfüllt nicht alle unsere Wünsche, aber alle seine Verheißungen!" Dieses Zitat von Dietrich Bonhoeffer wollte ich im Herzen bewahren. Es machte mir Mut! Gott selbst hat versprochen, bei mir zu sein, mit mir zu gehen und mir den Weg zu weisen. Und so durfte ich erfahren, wie Gott mich Schritt für Schritt in Aufgaben führte, die er für mich vorbereitet hatte: An der Seite meines Mannes in einer Gemeinde-Aufbau-Arbeit, schwerpunktmäßig aber in der Jungschar- und Freizeitarbeit mit 8-12jährigen Kindern. Immer mehr merkte ich, wie mein Herz für diese Arbeit schlug und wie Gott sie über Jahre hinweg segnete. Hier konnte ich meine von Gott geschenkten Gaben einbringen und entfalten. Ich war am richtigen, an *meinem Platz*! Öfter ertappte ich mich dabei, dass ich von *meinen* Kindern und *meinen* Mädchen sprach.

Zum Segen für Andere

Vielen Kindern konnte ich in den vergangenen Jahren zur „geistlichen" Mutter werden, sie begleiten, mit ihnen und für sie beten, ihnen Gott lieb machen. Wie berührte es mich, als ein Mädchen aus der Jungschar ganz kindlich aussprach, was sie bewegte: „Wenn Du Kinder hättest, dann könntest du ja keine so tolle Jungschar und Sommerfreizeit machen und das wäre echt schade!" Das tat mir gut - nein, es schmerzte nicht (mehr). Ein Geschenk Gottes!

Wenn ich spürte, wie Kinder voll Vertrauen zu mir kamen oder ich die Heimwehkinder auf der Freizeit in den Schlaf streichelte, dann schlug mein Mutter-Herz, auch ohne eigene Kinder.

„Könntet ihr euch vorstellen, Paten für unser Kind zu werden?" – So wurden wir immer wieder von Freunden und Geschwistern gefragt. Wir sagten gerne zu. Sieben Patenkinder gehören inzwischen zu uns. (Hier setzen wir einen Stopp!) Ja – wir wollten für diese Kinder beten, einstehen, sie begleiten, sie lieben! Der Kontakt zu den Familien tat und tut uns gut. Gerade diese Patenkinder, aber auch unsere Nichten, genießen die Zeit mit uns sehr – und umgekehrt. Diese Momente gehören ihnen, sie müssen uns nicht mit anderen teilen. Ganz innige Beziehungen sind dadurch gewachsen – bis heute. Eine wertvolle Erfahrung!

Und ich genieße es sehr, im Auftrag meiner Schwester Ausschau nach hübschen Kinderkleidern zu halten. Wie gerne stöbere ich in den Kinderabteilungen. So kann ich sie entlasten und ich komme in den Genuss, für „meine“ Kinder etwas „Peppiges“ auszusuchen. Auch das tut mir gut!

Sonnen- und Schattenseiten

Stück um Stück lernte ich, die schönen Seiten, die Sonnenseiten in einem Leben ohne eigene Kinder zu entdecken. Diese gibt es, auch wenn ich sie manchmal nicht sehen konnte:

Wir haben viel Freiraum für uns als Paar, wir können vieles gemeinsam erleben und genießen, wir sind ungebundener und flexibler, wir können in den Nächten durchschlafen, wir haben keine Erziehungsprobleme, uns bleiben die Herausforderungen rund um Schule und Ausbildung erspart – um nur einige zu nennen. Klar kann ich auch sagen, das würde ich gerne in Kauf nehmen, wenn ich nur ein Kind hätte! Aber: Wäre dann wirklich alles gut oder sogar besser, wie wir Betroffenen oft denken?

Und doch sind da auch die Schattenseiten, die bleiben und die ich immer wieder zu spüren bekomme, trotz einem JA zur Kinderlosigkeit. Eben die Konsequenzen im Alltag: Da stehe ich in der Gesellschaft und in der Gemeinde dazwischen. Wir sind weder Singles noch Familie. Einsam mit und in unserer Situation - trotz Menschen um uns herum! Da bin ich bei einem Geburtstagsfrühstück, und die Mütter unterhalten sich den ganzen Vormittag über Erziehung und Schule – ich bin einfach außen vor! Da lese und höre ich so oft von ungewollten Schwangerschaften, Abtreibungen und meine Seele schreit über diese Ungerechtigkeit. Da stößt meine Schwester mit ihren Zwillingen gerade in der ersten Zeit so sehr an ihre Grenzen, und ich hätte Zeit und Kraft... Warum ist das nicht „besser“ verteilt? Da muss ich akzeptieren, dass ich nie spüren werde, wie ein Kind in mir heranwächst, ich nie „Mama“ gerufen und nie Enkel haben werde. Da ist der jährliche Muttertag – ein Tag, der zu den schweren gehört. Der Mangel wird mir sehr bewusst! Da nagt es immer wieder an meinem Selbstwert als Frau, wenn ich keine Kinder „großziehen“ kann, auch wenn ich weiß, dass ich in Gottes Augen wertvoll bin. „Einfach weil ich bin.“ Die Schattenseiten: Sie gehören auch zu meinem Leben. Zu jedem Leben, ob mit oder ohne Kinder. Wie leicht vergesse ich das!

Exotisch?

Vor zehn Jahren beschloss ich, eine kleine Auszeit vom Beruf zu nehmen. Die Arbeitsbedingungen wurden immer unbefriedigender, Gedanken über eine andere Tätigkeit ließen mich nicht mehr los.

Gerade in diese Phase fiel auch ein Wohnungswechsel. So wollte ich die Zeit nutzen, die neue Heimat gemütlich einzurichten und mich neu zu orientieren. Noch während der Renovierung erhielt ich ein verlockendes Angebot - ohne Wochenenddienst! Hörte sich super an! Doch da war ein Haken: Ich hätte wieder mehr Zeit in den Beruf investieren müssen und das wollte ich nicht. Ich spürte, das war nicht dran. Zwar bewarb ich mich später noch zweimal, fand aber innerlich keine Ruhe darüber.

Keine Kinder und trotzdem als Frau zu Hause? In unserer Zeit, in unserer Gesellschaft? Und wie ist das mit der Rente...? Wie sehr meinte ich, mich gerade anderen gegenüber rechtfertigen zu müssen für diese Entscheidung! Ja – ich bin Kind unserer Zeit, ich bin geprägt von den gesellschaftlichen Maßstäben, und der Leistungsgedanke sitzt auch bei mir tief! Andere Frauen erziehen Kinder *und* sind berufstätig! Und ich? War mein Weg „exotisch“, so un-normal? Und doch wusste ich, dass es Gottes Weg mit mir war. Ich hatte ihn nicht selbst ausgesucht. So konnte ich viel Zeit in die Gemeinde und in die Begegnungen mit Menschen investieren. Im Besuchsdienst, in seelsorgerlichen Gesprächen. Wer selbst Leid erlebt hat, kann andere Menschen besser verstehen.

Leider habe ich mich in der Gemeindearbeit übernommen. Ich grenzte mich nicht genügend ab, so dass ich vor über zwei Jahren in einer existentiellen Sinn- und Lebenskrise landete, verbunden mit einer Erschöpfungsdepression. In dieser schweren und dunklen Zeit hinterfragte ich vieles in meinem Leben, auch die Kinderlosigkeit und das Aussteigen aus dem Beruf! Gott war so gnädig, er hat es mir auf vielfache Weise bestätigt, dass das sein Weg mit mir war, auch wenn er nicht wollte, dass ich mich selbst überfordere! Wie hilfreich war es da für mich, mit einem Seelsorger mein Leben anschauen und reflektieren zu können, mich selbst mit meinen Denk- und Verhaltensweisen besser verstehen zu lernen und auch Veränderung zu erleben.

Vor Gott zählt nicht, was ich im Leben leiste, sondern ob ich ihn lieb habe, wie meine Beziehung zu ihm ist - das wurde mir neu klar. Und dann kann ich mich fröhlich an dem Platz einbringen, an den er mich stellt! Aus Liebe zu ihm!

Und das Wunder?

Getrost weitergehen und gleichzeitig dem Schöpfer des Lebens das Wunder einer Schwangerschaft zutrauen – das bestimmte sehr lange meinen Alltag. Immer wieder war es ein Hoffen und Bangen rund um die Zeit meiner Periode. Ich hatte einen sehr regelmäßigen Zyklus. Ein einziges Mal wagte ich, einen Schwangerschaftstest zu machen, nachdem es vier Tage „über der Zeit" war. Er war negativ!

War anfangs die Enttäuschung noch recht groß, so kehrte mit den Jahren immer mehr Ruhe und Gelassenheit ein, ich bekam Frieden ins Herz, auch über das mögliche Wunder.

Wenn Gott es schenkte, dann würde ich mich riesig freuen und ansonsten war es gut so. Ich konnte mich mit meinem Lebensweg „versöhnen". Es geht mir gut – so wie mein Leben geworden ist. Ich habe keine Kinder, aber Gott an meiner Seite! Ganz ehrlich: Da, wo ich heute stehe, müsste ich erst ein JA zu einer Schwangerschaft finden!!!

Geborgenheit in der Hand Gottes - in den Herausforderungen meines Lebens, in meiner Kinderlosigkeit. Geborgenheit - auch wenn viele Fragen Gott gegenüber offen bleiben und ich z. B. die Verheißung Jesu aus *Johannes 14, 14* im Bezug auf unsere Kinderlosigkeit nicht verstehe: *„Was ihr mich bitten werdet in meinem Namen, das will ich tun!"* War meine Bitte nach einem Kind nicht in Jesu Namen? Das möchte ich ihn einmal im Himmel fragen!

Wachsen und Reifen

Rückblickend bekam meine Gottesbeziehung durch den unerfüllten Kinderwunsch viel mehr Tiefgang. Ich lernte ein ganzes Stück mehr, Gott zu vertrauen: Seiner Wegführung, seiner Treue und seiner Hilfe.

> *Gott legt uns eine Last auf,*
> *aber er hilft uns auch! (Psalm 68, 20)*

An dieser Last konnte ich wachsen und reifen! Ist es nicht das, was Gott sich so sehr wünscht, was zum Sinn meines Lebens gehört? Ich erlebte, wie er mir immer wieder Kraft und Zuversicht für einen Schritt nach dem anderen gab, einen Blickwechsel schenkte, mich tröstete, mich auffing, wo ich gestolpert bin. Auch als Ehepaar sind wir gewachsen und konnten in aller Unterschiedlichkeit die Tiefen und Höhen gemeinsam erleben und durchstehen. Das macht mir Mut für den weiteren Weg an der Hand Gottes, auch durch Krisen hindurch.

Im Moment stehe ich erneut an einer Wegkreuzung. Ich merke, dass mein Weg in der Kinderarbeit zu Ende geht und Gott neue Türen öffnet. Ich bin gespannt und freue mich darauf!

Erfüllt – trotz unerfülltem Kinderwunsch?

Ja – ich habe ein erfülltes Leben! So groß der Wunsch auch war, ich fühle mich heute ohne Kinder nicht ärmer. Ich darf Gottes Segen in seiner Geschichte mit mir an anderen Stellen spüren.

Plastik von Dorothea Steigerwald, Motiv: Bleib Sein Kind

Auf Deboras Spur

Johanna, 48 Jahre

Debora lebte etwa 1100 v. Chr. Sie wirkte als Richterin und Prophetin in Israel. Wir lesen im Buch der Richter von ihr.

Ich wollte vier Kinder: Samuel, Lydia, Marius und Emily. Heute wäre Samuel fünfundzwanzig Jahre und hätte nach dem Theologiestudium seine erste Pfarrstelle. Lydia, 22, Sozialpädagogin, würde in Rumänien einen christlichen Kindergarten aufbauen. Der siebzehnjährige Marius wüsste seine berufliche Richtung noch nicht genau. Vielleicht nach dem Freiwilligen Sozialen Jahr in einer Werkstatt für Behinderte eine handwerkliche Ausbildung, oder doch das Soziale? Und Emily, unser Nachzügler, fünf Jahre, Kindergartenkind, lebhaft – also sie redet wirklich fast den ganzen Tag. Aber wie still wäre es ohne sie, jetzt, wo die Großen aus dem Haus sind, und auch Marius oft nicht da ist. So wünschte ich es mir – wenn ich schwanger geworden wäre.

Ich heiratete gleich nach meinem Examen als Erzieherin. Ich war zwanzig Jahre alt und wollte noch während meines Berufspraktikums schwanger werden.

Ein Leben ohne eigene Kinder konnte ich mir nicht vorstellen. Ich wuchs mit meinen zwei Brüdern in einer Familie mit viel Geborgenheit auf. Meine Mutter erlebte ich liebevoll, konsequent und stark. Sie war immer für uns da, sorgte für eine gesunde Ernährung, schickte uns in den Kinderchor der Kirchgemeinde und achtete auf höfliche Umgangsformen. Und sie betete mit uns. An den Wochenenden unternahmen meine Eltern mit uns Waldspaziergänge, Picknicks oder Fahrradtouren. Meine Mutter hielt die ganze Familie zusammen. Sie organisierte Renovierungen in Wohnung und Haus, kümmerte sich um die Großeltern und feierte mit uns fröhliche Kindergeburtstage. So eine Mutter wollte ich auch werden. Aber ich wurde nicht schwanger. Kein einziges Mal.

„Gott, gib mir wenigstens **ein** Kind", betete und flehte ich. Ich bekam kein kleines Mädchen, keine Emily. Seitdem begleitete mich diese Sehnsucht nach dem einem Kind. An *Kinder* in der Mehrzahl dachte ich schon nicht mehr. Die ersten zwei Jahre meiner Ehe bestanden fast nur aus dem Warten und der Hoffnung, endlich schwanger zu werden.

Erleichtert stellte ich fest, dass mich niemand fragte: „Wann ist es denn bei euch soweit?" oder „Wie viele Kinder hast du?"... Durch mein jüngeres Aussehen wirkte ich damals wahrscheinlich nicht wie eine

Frau, die ein Kind erwartet oder schon eins haben könnte. Das machte es für mich einfacher, nicht über Familienplanung sprechen zu müssen.

Wenn ich durch den Ort ging, fielen mir die schwangeren Frauen auf, die ihren Bauch so selbstverständlich trugen, und Mütter, die Babys im Kinderwagen schoben. Wohin ich auch blickte, so schien es mir, umgaben mich Schwangere und Mütter. Mit meinem leeren Bauch und Tränen in den Augen klagte ich Gott: *„Ich halte das nicht aus! Wie soll das nur weitergehen?"* Denn ich hörte von Ehepaaren, die nach sechs Jahren ein Kind erwarteten oder erst nach zehn Jahren. Für mich zählten damals schon zwei Jahre wie eine Ewigkeit. Die Angst, nie ein eigenes Kind zu haben, stand wie eine dunkle Wand vor mir, die ich nicht fassen konnte. Ein Kind! Dieser Wunsch füllte meine ganze Lebensplanung aus. Damals arbeitete ich mit Freude als Erzieherin in einem christlichen Kindergarten. Aber noch lieber wollte ich mit einem Baby zuhause sein.

Dann wurde ich krank. Meine Gelenke schmerzten und die Fingerknöchel schwollen an. Der Rheumastatus war sehr hoch. Ich musste Medikamente nehmen und hatte Angst vor einem chronischen Verlauf. Die Spur meines Lebens wies in eine Richtung, gegen die ich mich wehrte. Was tue ich, wenn ich wirklich kein Kind bekomme oder nicht gesund werde?

Meine Ehe fand ich in Ordnung, meinen Beruf auch. Wenn ich kein Kind habe, dann entscheide ich mich eben hundertzwanzigprozentig für meinen Beruf, dachte ich mir. Doch ganz klar stand mir vor Augen, dass ich mit beeinträchtigter Belastbarkeit durch eine Krankheit auch keine Freude am beruflichen Weg finden kann. Fragend und verzweifelt nahm ich mit Gott Verbindung auf, als ich vom Arzt kam und durch eine Parkanlage ging. *„Gott, wenn ich schon kein Kind habe, dann möchte ich mich auf eine berufliche Arbeit konzentrieren. Aber ich schaffe das nur, wenn ich gesund bin und bitte dich um Gesundheit. So zeige mir deinen Weg, Gott. Ich flehe vor dir aus ganzem Herzen um ein Kind. Aber wenn du willst, dass ich einen anderen Weg gehe und im Verkündigungsdienst für Kinder und Erwachsene da bin, dann bin ich dazu bereit. Dein Wille geschehe."* Meinen Kinderwunsch, der an erster Stelle meines Lebens stand, auf diese Weise loszulassen, fiel mir schwer. Aber es war meine freie Entscheidung, meine Lebensplanung so in Gottes Hände zu legen.

Kurze Zeit später war ich gesund und seitdem, selbst bei beruflichen Belastungssituationen, nicht mehr ernstlich krank. Ich glaube, dass Gott den Überblick über mein Leben hat. Das hat auch unmittelbar mit meiner frühen Kindheit zu tun. Nach der damals üblichen Pockenschutzimpfung bekam ich mit einem Jahr hohes Fieber mit Fieberkrämpfen und ersten Anzeichen von Epilepsie. Die Gefahr einer chronisch stärker verlaufenden Erkrankung bestand. Später erzählte mir meine Mutter, es sei so schlimm für sie gewesen, mich so krank zu sehen, dass sie vor meinem Bett kniete und betete: „Herr, wenn dieses Kind krank bleibt und ein Krampfanfall dem anderen folgt, dann nimm dieses Kind zu dir – oder heile Johanna und berufe sie in deinen Dienst". Wie verzweifelt muss meine Mutter gewesen sein! Aber ihr Gebet zeigte ein tiefes Gottvertrauen. Sie übergab Gott die Entscheidung über mein Leben.

Bei hohem Fieber traten bei mir weiter leichte epileptische Anfälle auf, allerdings in größeren Abständen. Den letzten Krampfanfall hatte ich mit vier Jahren. Bis zum Alter von acht Jahren befand ich mich in ärztlicher Behandlung, mit der regelmäßigen Einnahme eines Medikamentes. Seitdem bin ich gesund. Spätere Untersuchungen ergaben keine Beeinträchtigungen meines Nervensystems.

Nach zwei Ehejahren ohne Schwangerschaft ließen wir uns untersuchen. Alle Befunde waren in Ordnung. „Vielleicht ist es ein psychisches Problem", dachten wir. „Vielleicht sollte ich einfach entspannter sein, und mich nicht so sehr auf den Kinderwunsch konzentrieren. Vielleicht will Gott meine Geduld und mein Vertrauen prüfen", überlegte ich. Kinder sind sichtbarer Segen Gottes. Warum sollte Gott unsere Ehe nicht segnen?

Immer noch sah ich mich zuerst „hauptamtlich" als Mutter. Mit meiner damaligen geringfügigen Anstellung als Gemeindepädagogin fühlte ich mich nicht ausgelastet. Mehr Arbeitsstunden standen nicht zur Verfügung. Aber eigentlich wollte ich auch nicht mehr Arbeit, weil ich mir ein Kind wünschte. Trotzdem war ich unzufrieden und suchte nach einer beruflichen Herausforderung, um mich wiederum vom Kinderwunsch abzulenken. Meine kirchliche Ausbildung als Erzieherin wurde in der DDR nur in christlichen Kindergärten anerkannt. Diese gab es in meiner Umgebung nicht. In dieser Zeit lief ich, wenn mein Mann auf Arbeit war, oft durch die Wohnung und suchte das Kinderbett, verlorene Söckchen und herumliegendes Spielzeug. Und die Uhr tickte viel zu laut, und die Stille hörte nicht auf. So vergingen weitere sieben Jahre.

Dann hatte ich keine Geduld und Kraft mehr für die Hoffnung auf ein Kind. Ich zerriss und verbrannte alle Temperaturkurven und Zyklusaufzeichnungen der natürlichen Empfängnisregelung. Das Thema Schwangerschaft schob ich weg.

Mit der Wende 1989 öffnete sich endlich für mich eine berufliche Tür, und ich begann voller Energie und mit tausend Ideen, gemeinsam mit engagierten Pfarrern und motivierten Kirchgemeindemitgliedern einen christlichen Kindergarten bei uns im Ort aufzubauen. So wurde ich keine Mutter, sondern Kindergartenleiterin. Die Entwicklung und Umsetzung der pädagogischen Konzeption forderte mich heraus. Endlich konnte ich acht bis zwölf Stunden arbeiten. Ich kam meistens so müde nach Hause, dass ich die Leere meiner kinderlosen Wohnung nicht mehr wahrnahm.

Trotzdem holte mich der Kinderwunsch wieder ein. Wir ließen uns noch mal untersuchen, denn die befundlosen Erstuntersuchungen hielten weiter meine Hoffnung auf eine Schwangerschaft aufrecht. Obwohl ich interessante berufliche Aktivitäten hatte, konnte ich das Warten und die Hoffnung nicht verdrängen. Ich wünschte mir eine Ursache unserer Kinderlosigkeit und damit die entsprechenden erfolgreichen Behandlungen. An einem Gründonnerstag erfuhr ich das Ergebnis: Antikörper, die bei mir im Blut kreisen und sich gegen die Spermien richten. Durch diese immunologische Ursache ist keine Schwangerschaft auf natürlichem Wege möglich. (Zu DDR-Zeiten war diese Ursache der Sterilität noch nicht bekannt.)

„Gegen die Antikörper gibt es nichts“, sagte die Ärztin, „das kann nicht behandelt werden“. In diesem Moment empfand ich Leere und Ausweglosigkeit. Mir war alles egal: Wer ich bin, wohin ich gehe. Am gleichen Abend bekam ich Fieber und zog mir die Bettdecke über den Kopf. Ich wollte niemanden sehen, nichts essen...

Irgendwie stand ich nach vierzehn Tagen wieder auf. Ich glaube, das bewirkten die Gebete meiner Mutter. Ein halbes Jahr lang schleppte ich mich morgens mühsam zur Arbeit. Dort funktionierte ich. Wer mich aus meiner näheren Umgebung nicht vertrauter kannte, merkte nicht, wie schlecht es mir ging. Ich erledigte alle Leitungs- und pädagogischen Aufgaben. Nach der Arbeit verkroch ich mich zu Hause gleich wieder im Bett.

Von meinem Mann zog ich mich in dieser Zeit zurück und stürzte mich mehr und mehr in die beruflichen Aufgaben. Nach Hause kam ich zum Kleiderwechseln, Essen, Duschen und Schlafen. Ungewollte Kinderlosigkeit und die damit verbundene Trauerarbeit ist eine große Belastung für eine Ehe. Bei uns kam noch ein weiteres Problem dazu. Mein Mann wurde arbeitslos und orientierte sich neu. Wir entfernten uns voneinander. Ich kämpfte mit dem Schmerz, kein Kind zu haben, er konzentrierte sich voll und ganz auf berufliche Perspektiven. Irgendwann kamen wir uns wieder näher und sprachen über unsere Situation.

Den Weg einer künstlichen Befruchtung konnten wir nicht für uns annehmen. Alle meine Hormonwerte waren in Ordnung. Bei der künstlichen Befruchtung gehört die Behandlung mit Hormonen dazu.

Ich wehrte mich dagegen, meinen Körper mit zusätzlichen Hormonen und den damit verbundenen Nebenwirkungen zu belasten. Aber der wichtigste Grund war: Ich wollte „meinem Kind" die Entstehung auf einem medizinischen Behandlungsstuhl, umgeben von sterilen Geräten und Abläufen nicht zumuten. So wollte ich nicht schwanger werden!!! Schon bei den Gedanken daran fühlte ich Kälte und Einsamkeit. Außerdem steht für uns als Ehepaar im Vordergrund, dass Gott der Schöpfer von neuem Leben ist. Wir entschieden uns, diese Schöpferkraft nicht in ärztliche Hände zu geben.

Auch eine Adoption kam für uns nicht in Frage. Wir fühlten, dass wir dieses Kind nicht wie ein Eigenes lieben könnten. Ich spürte, dass ich einem adoptierten Kind mehr Erzieherin als Mutter sein würde. Der Wunsch nach einer eigenen Schwangerschaft und dem Erlebnis einer Geburt, wäre trotzdem immer da.

Wer bin ich, wenn ich keine Mutter bin? - Diese Frage kreiste und kreiste in meinen Gedanken. Ehefrau, ja. Kindergartenleiterin ja, für eine überschaubare Zeit. Mit ganzem Herzen lebte ich mit meinen Kindergartenkindern und begleitete sie und ihre Familien ein Stück auf ihrem Lebensweg. Ich spielte und malte mit den Kindern, putze Nasen und teilte Teebecher aus. Ich rannte mit den Kindern durch den Garten, lehrte sie die Namen der Bäume und sang sie in den Mittagsschlaf. Ich erzählte ihnen aus der Bibel, führte sie in eine Kirche und betete mit ihnen. Und die Kinder schenkten mir ihre Freude an der Welt, suchten meine Hände und gaben mir ihre Liebe. So füllten die Jahre im Kindergarten einen Teil meiner Sehnsucht nach einem Kind aus. Zufrieden genoss ich nach einem turbulenten langen Kindergartentag meine ruhige, gemütliche Wohnung. Viele Jahre konnte ich mir ein Leben ohne den Kindergarten nicht vorstellen. Ich war gern für alle da: für die Kinder, die Eltern und das Team.

Erst Jahre später nahm ich wahr, dass ich durch viel Leistung meinen Wert als Frau „erarbeiten" wollte. (Wenn ich kein Kind kriegen kann, dann leiste ich eben mit voller Berufstätigkeit meinen Beitrag.) Das stand natürlich nicht im Vordergrund, sondern an erster Stelle meine Freude am Beruf. Und doch ist die Darstellung meines Wertes durch Aktivität ein Teil meines Lebens mit der Kinderlosigkeit.

Wenn ich schwangeren Frauen und Müttern mit Babys im Kindergarten und eigentlich überall begegnete, breitete sich oft tiefe, unfassbare Traurigkeit in mir aus. Wenn ich bekannte und befreundete Familien mit Kindern besuchte, eine frohe Tischgemeinschaft oder das Wickeln eines Babys erlebte, empfand ich mich als Frau unvollständig und hilflos. Wie gern hätte ich für meine drei oder vier Kinder Geburtstage und Familienausflüge gestaltet. Wie gern hätte ich wenigstens für ein Kind ein Tauffest gefeiert und ein Kinderzimmer eingerichtet.

Die Sehnsucht nach einem eigenen Kind zu ertragen, forderte einen großen Teil meiner Kraft und Energie. Den Schmerz betäubte ich wieder mit mehr Arbeit. Manchmal stellte ich mir vor, mein Wunschkind Emily auf dem Arm zu halten – aber ich ging durch den Kindergarten und erhielt gerade einen Telefonanruf, oder ein Problem war anzusprechen, oder eine organisatorische Regelung musste schnell verändert werden. In diesen Momenten sehnte ich mich nach einem Rückzug in die kleine Welt zu Hause. Und ich wollte nur noch mit einem Baby in meiner Wohnung sein, wenigstens für zwei Jahre. Irgendwann war ich so erschöpft, dass mir auch die Wochenenden und Urlaubstage keine Erholung brachten.

Warum segnet mich Gott nicht mit einem Kind? - Ruhelos suchte ich nach einer Antwort. Wieso gibt Gott mir nicht das Geschenk, Mutter zu sein? Bin ich keine gesegnete Frau? Obwohl ich Jahre vorher aufrichtig im Gebet Gott die Entscheidung über meine Lebensplanung übergab, kämpfte ich im Herzen weiter für ein Kind. Nie Mutter zu sein – das konnte ich nicht endgültig akzeptieren. Vielleicht erhört Gott doch noch mein Gebet und schenkt mir ein Baby?

Ich konnte meine Kinderlosigkeit nicht annehmen. Mit der Hoffnung, dass meine Antikörper vielleicht weg sind, ließen wir uns noch mal untersuchen. Der Befund war genauso wie der erste. Nur, dass meine Antikörper diesmal massiv im Gebärmutterhalskanal kreisten. Ich war neununddreißig und dachte: Jetzt muss ich mich entscheiden. Für die entsprechenden ärztlichen Behandlungen bin ich noch nicht zu alt. Vielleicht wähle ich doch den ersten Schritt einer künstlichen Befruchtung (Insemination), um Mutter zu werden? Oder nehme ich Abschied vom Kind? Ich fühlte mich wie geteilt und zerrissen. Gehe ich aus lauter Verzweiflung über das fehlende Kind den medizinischen Weg? Oder …? Hoffnung und Ungewissheit. Es war nicht mehr zum Aushalten! Mein Körper meldete mir die notwendige Weichenstellung mit Herzklopfen, nächtlichen Schweißausbrüchen und ständiger Müdigkeit - höchste Zeit, die Richtung meines Lebens herauszufinden! Und dazu brauchte ich Abstand von dem Ehemann, meinem Zuhause und dem Kindergarten.

Meine beantragte Kur erhielt ich schnell genehmigt. Aus den geplanten drei Wochen wurden sechs. Diese Zeit war in der Auseinandersetzung mit meiner Kinderlosigkeit die intensivste – schmerzhaft und heilsam zugleich. Ich hatte eine sehr gute psychologische Begleitung und fand meinen eigenen Weg, „mein Kind" loszulassen und zu trauern. Zuerst setzte ich mich noch mit dem Gedanken einer künstlichen Befruchtung auseinander. Aber ich reagierte mit Frieren, gekrümmten Schultern und dem Gefühl, nicht Atmen zu können.

Der eigentliche Verarbeitungsprozess begann mit meiner Frage: Was bin ich für eine Frau, wenn ich keine Mutter bin? Ich suchte in der Bibel nach Frauen, mit denen ich mich identifizieren konnte. Die meisten Frauen der Bibel sind ja Mütter. Aber es gibt eine, Debora, von der das nicht ausdrücklich gesagt wird. Die Bibel berichtet von ihr: Sie lebte als Richterin in Israel und ermutigte das Heer der Männer zum Feldzug gegen die Feinde des Gottesvolkes. Von Debora heißt es nicht: Sie blieb im Zelt bei ihren Kindern. Es wird nicht berichtet, dass sie Kinder hatte. Also war sie wahrscheinlich kinderlos.

Wenn schon kinderlos, dann bin ich auf Deboras Spur.
Und dann stellte mir die Psychologin die entscheidende Frage: „Stellen Sie sich eine Waage vor. In einer Schale ein Leben als Debora, in der anderen Schale ein Leben als Mutter. Was hat für sie mehr Gewicht?" Meine Antwort war ohne Zögern: „Debora." Auf einmal spürte ich, dass ich eine Frau bin, die nach außen geht und gut kämpfen kann. Meine Mutteranteile sind da und wertvoll, aber nicht so gewichtig wie ein Leben als „Debora". Diese Erkenntnis brachte mir statt Trauer erst einmal ganz viel Befreiung. Das konnte ich so für mich annehmen.

Und dann kam die Trauer. Allein lief ich über Wiesen, Felder, Brücken und Straßen. Meine Füße schmerzten vom vielen Gehen. Ich wusste, dass ich vor meiner Kinderlosigkeit nicht weglaufen konnte. Das Problem, kein Kind zu haben, ging mit mir mit und würde immer an meiner Seite bleiben. Das tat weh. Ich weinte und betete. „Meine Emily" brauchte ich nun nicht mehr festzuhalten. Dieses Loslassen aus dem Herzen heraus geschah schrittweise im Gehen, Weinen und Beten. Abends war ich kraftlos und müde und konnte doch kaum eine Nacht richtig durchschlafen. Einmal träumte ich von einem kleinen Mädchen, später von einem hellen, sonnigen Weg. So nahm ich Abschied von Emily.

Am letzten Kurtag bat ich Gott, mir zu zeigen, wie es weitergeht. Ich fuhr wieder zurück, noch erschöpft von den vielen schlaflosen Nächten, aber gespannt auf Gottes Antwort.

Als ich zu Hause den ersten Gottesdienst besuchte, hatte ich den Eindruck, dass mich viele verwundert anschauten. Ich war blass und sah fertig aus. Niemand fragte, wie es mir geht. Später hörte ich, dass viele dachten, ich erhole mich zur Kur, oder ich sei in Kinderwunschbehandlung und käme schwanger zurück.

Zwei Wochen später rief mich die Pfarrfrau der benachbarten Kirchgemeinde an: Wir wollen einen christlichen Kindergarten aufbauen und suchen eine Leiterin, am besten mit religionspädagogischer Erfahrung. Nach zwei Tagen Bedenkzeit sagte ich zu. Nach wie vor arbeitete ich engagiert als Kindergartenleiterin. Aber seitdem ich in Deboras Spuren gehe, definiere ich meinen Wert nicht mehr über den Beruf.

Die Gaben und Fähigkeiten, die Gott mir schenkt, setze ich gern in meiner Arbeit ein. Und dieser Sinn steht jetzt für mich an erster Stelle. Außerdem genieße ich seitdem meine freie Zeit zu Hause ohne „ mein Kind" zu suchen. Ich lese, schreibe, schlafe, gehe joggen.

Mit vielen meiner Freundinnen, die Kinder haben, konnte ich jederzeit über meine Situation und Traurigkeit sprechen. Eine Bereicherung ist für mich bis heute, dass ich an der Entwicklung ihrer Kinder teilnehme und mich zu den gemeinsamen Begegnungen darüber freuen kann. Wir erzählen uns von unserem Leben, mit und ohne Kinder. Und ich weiß ja, dass auch ein Leben mit Kindern nicht immer leicht ist: Eltern kennen schlaflose Nächte, wenn die Kinder krank sind. Sie machen sich Gedanken über Erziehungsprobleme und organisieren oft neben der beruflichen Arbeit mit enormem Kraftaufwand den Familienalltag. Nein, es ist nicht immer niedlich und fröhlich...

Und doch: Keine Mutter, mit der ich sprach, konnte sich vorstellen, ohne Kind zu sein. Eine junge Frau mit drei kleinen Kindern erzählte mir: Ja, ich habe Probleme. Aber, wenn mich meine Kinder anlächeln, vergesse ich das. Die Freude und Bereicherung, die Kinder ihren Eltern schenken, wiegen eben mehr als die schlaflosen Nächte und Sorgen. Und genau das fehlt mir! Ohne Kind zu sein, ist ein Verlust an Lebensfreude und Sinn! Auf Grund dieser Verlusterfahrung suchte ich nach meinen sinnvollen Lebensaufgaben.

Nach ausgefüllten, erfolgreichen Jahren gab ich meine Arbeit im christlichen Kindergarten auf, weil ich spürte, dass die Betreuung von jüngeren Kindern für mich einfach nicht mehr dran ist. In meinem jetzigen Lebensalter hätte ich auch keine kleinen Kinder mehr zu Hause. Weil ich Veränderungen liebe, interessierte ich mich für neue Herausforderungen. Ein Vorteil meiner Kinderlosigkeit ist, nicht auf die Bedürfnisse und den Rhythmus von eigenen Kindern achten zu müssen. Ich nahm mir die Freiheit, eine Zeit ohne Arbeitsverhältnis zu sein, ja sogar ohne feste Perspektive. Dabei waren die Reaktionen meiner Mitmenschen sehr aufschlussreich. Oft fragten sie: Wie geht es dem Kindergarten? Die Verbindung Johanna und Kindergarten war in sechzehn Jahren so fundiert, dass sich selten jemand nach meinem persönlichen Ergehen erkundigte (außer der enge Freundeskreis oder vertraute Bekannte).

Nach einer beruflichen Orientierungsphase fragen mich jetzt allerdings viele gespannt und anteilnehmend: Und, was machst du jetzt? Zur Zeit arbeite ich als Gemeindepädagogin und kann mir das perspektivisch gut vorstellen.

Ich staune, dass die Deboraseite in mir immer lebendiger wird.
Und es geschah genauso, wie es meine Mutter zu Gott im Gebet aussprach und ich Jahre später auch. Ich unterweise Kinder im christlichen Glauben, halte nach einem theologischen Fernstudium ehrenamtlich Gesprächskreise und Gottesdienste. Die Mitarbeit bei Hannahs Schwestern ist für mich ein wichtiges Anliegen. Den Austausch über unsere ungewollte Kinderlosigkeit erfahren wir als Stärkung und Ermutigung. Trotzdem sind Schmerz und Trauer über meine Kinderlosigkeit Teil meines Lebens. Denn, das bleibt: Mein Gefühl von Fremdheit und Kraftlosigkeit, wenn ich als Frau ohne Kind mitten unter Familien bin – und diese Sehnsucht in meinem Herzen, wenn ich ein Baby auf dem Arm seiner Mutter sehe...

Aber jetzt kann ich aufrecht ohne Kind gehen. Es ist auszuhalten, eil Gott mir meine Lebensrichtung zeigte. Meine Mutteranteile pflege ich, wenn ich Kindern begegne, ihnen zuhöre, sie tröste oder ermahne.

Manchmal stelle ich mir in Gedanken „meine Emily“ als fünfjähriges Mädchen vor. Dann sage ich zu meinen Mann: „Wie schön wäre es, wenn wir ein kleines Mädchen hätten. Wir könnten ihr dieses Kleid kaufen und dann noch ein Eis.“ Manchmal reden wir von den Kindern, die wir nie hatten. Das ist traurig und zugleich befreiend. Gott führte uns dahin, dass wir frei ohne Kinder leben können. Als Ehepaar mögen wir die Zeit, die wir allein oder zu zweit erleben. Es ist gut, einfach mal wegzufahren, ins Kino zu gehen oder mit einem Patenkind etwas zu unternehmen.

Und ich weiß jetzt, wozu mich Gott berufen hat: So wie die biblische Debora bin ich viel unterwegs, um Gottes Wort zu verkündigen.

Gebet

HERR,
ich suchte den Ruf meines Kindes
und fand mehr als hundert Kinder,
die DIR Lieder sangen.
Ich suchte in meiner Wohnung Spuren
kleiner Schuhe
und begleitete täglich Kinder
durch einen Garten.
Ich hörte nachts das Ticken der Uhr.
Ich spürte das Schweigen der Rosen
und die Stille des Mondes.
Du gabst mir die Sehnsucht nach dem Kind
unter meinem Herzen
und die Tränen.
Ich gab DIR alle meine Mutterwünsche
und die Tränen.
Mein Herr und mein Gott!
Ich rief nach DIR
und DU bist da.
Du stellst meine Füße auf weiten Raum. (Psalm 31,9b)
Amen.

Johanna

Ein ganz anderes Leben

Beate, 50 Jahre

„Habt Ihr Kinder?“ – Das ist für die meisten Menschen eine völlig normale Frage. Besonders in christlichen Kreisen wird sie einem als Ehepaar häufig gestellt. Unausgesprochen erwartet der Fragesteller, dass sie mit „Ja“ oder, eventuell, auch mit „Nein“ beantwortet wird.

Wie gern würde ich „Ja“ sagen. Und eigentlich ist das ja auch so. Aber für uns ist die Antwort nicht so einfach, denn unsere Kinder sind nicht hier, bei uns, wie es sein sollte. „Ja, wir haben Kinder, aber nicht in dieser Welt“, sage ich meistens. Das löst zumeist Verunsicherung beim Fragenden aus. Würde ich „Nein“ sagen, würde ich lügen – vor meinen Kindern und vor mir. Das kann und will ich nicht. Aber wie kann ich erklären, dass unsere Kinder in unseren Herzen, aber nicht in der sichtbaren Welt angekommen sind? Dass ich schwanger war, aber die Schwangerschaften nicht glücklich endeten, mit unserem Baby im Arm?

Wie alles begann

Am 1. Februar 1997 veränderte eine traumatische Erfahrung unser Denken und Fühlen. An diesem Tag kam unsere Tochter Rebekka tot zur Welt. Es war die 30. Schwangerschaftswoche. Als wir fassungslos den winzigen leblosen Körper in den Armen hielten, da war er ausgeträumt, der Traum von unserem Baby, vom Leben zu dritt. Alles war erschüttert. Es ist schwer zu beschreiben, dieses lange Wieder-Hineintasten in die alte Umgebung. Unsere Wohnung, das Büro, die Stadt ... Alles wirkte zu grauenhaft unverändert. Aber innerlich war für lange Zeit nichts mehr wie vorher. Wir sind verwaiste Eltern geworden. Unsere Gedanken und Gefühle sind durcheinander. Die Tage vergehen irgendwie. Wir reden als Ehepaar viel miteinander, schweigen auch oft, weil uns einfach die Worte fehlen, das auszudrücken, was in uns vorgeht.

Fragen tauchen auf und bleiben oft ohne Antwort. Obwohl ich mir immer eine Familie gewünscht habe, habe ich erst im Alter von 34 Jahren geheiratet. Dass wir Kinder haben wollten, war für meinen Mann und mich gar keine Frage. Dass dies nicht per Knopfdruck zu machen ist, auch. Schon wenige Monate nach unserer Hochzeit gab es z.T. verschämte Blicke auf meinen Bauch. Von manchen auch die direkte Frage, wie lange wir denn zu zweit bleiben wollen. Manche setzten noch eins drauf und erinnerten mich an mein Alter. Als ob ich das nicht selbst wüsste...

Im Februar 1996 waren wir als Mitarbeiter bei einer christlichen Konferenz. Am letzten Tag, wir waren schon beim Aufräumen, sprach mich eine der Seelsorgerinnen noch einmal an, ob wir uns nicht ein Kind wünschten. Ich bejahte das, und sie betete für mich. Am Ende sagte sie, wir würden ein Kind bekommen und es würde ein ganz besonderes Kind sein. Dann betete sie noch um Weisheit bei der Erziehung für uns. Mein Mann war inzwischen dazu gekommen. Wir waren völlig perplex, aber auch glücklich.

Im Sommer, reichlich zwei Jahre noch unserer Hochzeit, stellten wir fest: Ich bin schwanger! Es war unbeschreiblich, dieses Glücksgefühl. Zuerst konnten wir es kaum glauben. Langsam machten wir uns damit vertraut, bemerkten und bestaunten die Veränderungen, überlegten, wie wir das Kinderzimmer einrichten, was wir noch alles besorgen müssen ... Ich erlebte eine unbeschwerte Schwangerschaft, medizinisch gesehen war alles in Ordnung, obwohl ich mit 37 als risikoschwanger galt. Pflichtbewusst ging ich zu allen Vorsorgeuntersuchungen, mein Mann begleitete mich. Wir staunten und freuten uns gemeinsam an unserem Kind, das langsam in mir heranwuchs.

Und dann, bei der Routineuntersuchung in der 30. Schwangerschaftswoche der seltsame Blick der Ärztin, und schließlich ihre sachliche Mitteilung: „Ihr Kind ist abgestorben." Es folgte eine eingeleitete Geburt in einer katholischen Klinik, wo wir sehr einfühlsam begleitet wurden.

Dann, wieder zu Hause. Die Gespräche mit unserem Pfarrer zur Vorbereitung der Beerdigung taten uns gut. Er kam jeden Tag vorbei, um mit uns zu reden.

Nun pflege ich ein Grab, statt unsere Tochter. Manchmal war es kaum auszuhalten für mich. Trotzdem: Wir haben einen Ort zum Trauern. Das war besonders in den ersten Jahren für mich sehr wichtig.

Balsamtropfen und Bibelverse

Die Reaktionen der Menschen um uns waren sehr verschieden. Manche schafften es, uns so zu nehmen, wie wir waren – emotional „nicht zurechnungsfähig", vielleicht unberechenbar. Wie gut es tat, wenn sie einfach nur da waren, uns in unserer Trauer und unseren Tränen aushielten und einfach zuhörten! So kamen wir uns näher als vorher. Wir konnten sogar wieder miteinander lachen oder uns über ganz andere Dinge unterhalten. Diese Leute waren „Balsamtropfen" für uns, sie sind uns zu echten Freunden geworden. Andere dachten wohl, sie müssten etwas rüberbringen, irgendeinen Trost, irgendetwas Frommes ... Sicher gut gemeint, aber wir konnten es in dem Moment nicht hören.

Manche suchten nach Erklärungen, nach möglichen medizinischen oder geistlichen Gründen. Am schlimmsten war es, wenn wir den Eindruck bekamen, jemand muss ungefragt seine Ratschläge „für so eine Situation“ loswerden, machte aber ansonsten einen Bogen um uns. War es Unsicherheit – mussten sie sich schützen? Bei uns hinterließen sie nichts als Verzweiflung.

Manche Dinge klärten sich im Nachhinein. So haben sich viele Beziehungen neu geordnet. Viele beteten in dieser Zeit für uns. Das war sicherlich wichtig, sonst wüssten wir nicht, wo wir wären. Geholfen haben uns irgendwann – natürlich – Bibelverse. Meistens solche, bei denen wir uns verstanden fühlten. Prediger, Klagepsalmen, Hiob – mehr eine Art Krücke, ein Geländer, aber immerhin. Die Tatsache, dass unser Baby jetzt im Himmel ist, hat uns wenig getröstet. Was soll es dort? Es gehört hierher zu uns!

Geholfen haben mir auch Berichte von anderen Frauen, die Ähnliches erlebt haben. Solche Bücher oder Artikel in Zeitschriften habe ich regelrecht verschlungen. Auch wenn jede Geschichte anders ist, so ähneln sich doch die Gefühle und Fragen, mit denen man sich auseinander setzen muss, auch die Reaktionen der Umgebung. Oft war auch soviel Chaos in mir, dass ich gar nicht in der Lage war, dies in Worte zu fassen. Dabei waren mir die Berichte anderer wie ein Geländer, an dem ich mich entlangtasten konnte. Und natürlich überhaupt die Erfahrung, dass ich mit diesem Erleben nicht allein bin, dass man es schaffen kann, trotzdem weiter zu leben und wieder Freude zu empfinden. Manchmal haben mir Frauen ihre Geschichte erzählt, von denen ich nicht vermutet hatte, dass sie auch ein Kind verloren haben. Manche sprachen zum ersten Mal überhaupt darüber. Manchmal haben wir zusammen geweint und uns verstanden gefühlt. Solche Momente waren kostbar.

Einige Eltern sagten uns auch, dass sie durch die Auseinandersetzung mit unserem Erleben ihre eigenen Kinder ganz neu sehen und sie viel bewusster als Geschenk Gottes schätzen.

Wie haben mein Mann und ich in dieser Zeit Gottes Nähe gespürt? Wenig. Wir waren viel zu sehr mit uns und unserem Leid beschäftigt und misstrauisch gegen Gott: Wieso weckte er erst Hoffnungen, die gleich darauf wieder kaputtgemacht wurden? Wollte er uns damit etwas sagen? Und wenn – musste dazu unser Kind sterben?! Manchmal überströmte uns unerwartet ein warmer Regen von Trost und Liebe, aber gleich standen wieder die Tatsachen da und widersprachen dem. An Gottes bedingungslose Liebe, Gnade und Nähe mussten wir uns mühsam wieder heranglauben, Vertrauen ganz neu lernen. Es war sehr leicht zu erschüttern. Wichtig für uns war, dass wir einander alles sagen konnten. Laut Statistik lassen sich 80 Prozent der Eltern, die ein Kind verloren haben, scheiden. Wir sind eher noch näher zusammengewachsen – und das ist etwas, was wir nicht machen konnten.

Spätsommer 1997: Der Regenbogen

Monate später fuhren wir zur Entbindungsklinik. Einerseits wollten wir wissen, wie es uns geht, wenn wir den Ort wiedersehen, andererseits mussten wir in der Klinik noch etwas klären. Plötzlich sahen wir über dem Ort, wo sie steht, einen Regenbogen, sogar einen doppelten. Nur ein Zufall?

Viel ist passierte in und an uns. Das langsame Erwachen aus der Lähmung. Das Daran-Gewöhnen (wenn es so etwas gibt), immer wieder Gespräche ohne Tabu bis an den Rand der Erschöpfung. Viel Trubel im Sommer – Kirchenwoche, Besuche, Urlaub. Plötzlich – peng – die zweite Schwangerschaft! Der Regenbogen! Gott hatte uns nicht vergessen! Viele Fragen: Wie werden wir zurechtkommen, wie die 30. Schwangerschaftswoche durchstehen? Werden wir es annehmen können, als völlig neues Kind?

Und dann, Mitte Oktober, sahen wir es beim ersten Ultraschall leblos daliegen. Kein Herzschlag. Keine Hoffnung. Keine Ruhe. Die zweite Schwangerschaft war zu Ende. Ohne Kind. Diagnose: intrauteriner Fruchttod. Einweisung in die Klinik zur Ausschabung.

So ging alles von vorn los. Wieder Verzweiflung, wieder Zorn und Wut gegen Gott und unsere Unfähigkeit, ein Kind zu bekommen. Wieder endloses Warten in irgendwelchen Krankenzimmern, Warteräumen, auf Befunde, Ergebnisse, Entlassung. Und wieder diese Leere ...

Es war aber kein solcher Schock wie im Februar. Es war einfach nur traurig. In der zehnten Woche – wir hatten kaum Zeit gehabt, uns daran zu gewöhnen. Schon mussten wir auch unser zweites Baby wieder hergeben. Man machte uns Mut, die Hoffnung trotzdem nicht zu verlieren. Was sollten sie auch sagen? Draußen wurde es Winter. Drinnen auch ...

Sommer 1999

Unser Leben ist anders geworden. Es war ein schwieriger Weg bis hierher. Wir haben viel Schönes und Wohltuendes erlebt, aber auch Schweres, Unverständliches und immer wieder Unverständnis. Medizinisch gesehen ist alles in Ordnung mit uns. Auch die genetische Untersuchung ist ohne Befund. Eine Tatsache, über die wir uns eigentlich freuen sollten. Aber es heißt eben auch, dass Ärzte uns nicht helfen können. Sie machen uns Mut, es erneut zu versuchen. Mich regt allein schon das Wort „versuchen“ auf! Ein Kind ist doch kein Versuchsobjekt! Und wir auch nicht!

Leise taucht manchmal die Frage auf, ob wir wohl kinderlos bleiben werden? Es fällt mir schwer, dass zu Ende zu denken.

Wir wollen ein Kind, trotz allem! Auf die dritte Schwangerschaft mussten wir lange warten, mit allem Auf und Ab, Arztbesuchen, Hoffnungen und Enttäuschungen. Dann war es endlich soweit. Zu den ersten Untersuchungen ging ich allein, ohne meinen Mann. Auf dem Ultraschallbild sah ich, wie mein Baby sich leicht bewegte. Auch das war nur eine kurze Freude. Beim nächsten Ultraschall in der zehnten Schwangerschaftswoche hatten die Bewegungen, statt zuzunehmen, ganz aufgehört. Wir sahen nur noch leblose Konturen. Trauer, Wut, keine Ruhe. Wir konnten nicht mehr und gaben die Hoffnung auf, versuchten eine erneute Schwangerschaft zu vermeiden. Dass unser Leben auch ohne Kinder ausgefüllt sein kann, war uns klar. Wir versuchten, das neu zu entdecken und zu leben.

Wie groß war unsere Überraschung, als wir im Frühjahr 2000 plötzlich feststellten: Ich bin wieder schwanger. Neue Hoffnung? Gott hat uns überrascht. Wir vertrauten ihm wieder neu alles an. Aber in der sechsten Schwangerschaftswoche mussten wir auch dieses Kind wieder zurückgeben. Die Ärztin meinte, eine Fehlanlage. Dann sei das eben so.

Für uns sind es unsere Kinder, denen wir auch Namen gegeben haben. Sie gehören zu uns und wir trauern um sie. Auch wenn sich die Trauer im Lauf der Jahre geändert hat, sie gehört zu unserem Leben dazu. Wir wissen nicht, ob wir mit dieser Serie von Rückschlägen „richtig“ umgegangen sind. „Routine“ hatten wir jedenfalls nicht. Jeder Verlust war ein neuer Schock, der uns zurückwarf und der unsere Emotionen und unsere Beziehung zu Gott neu durchschüttelte. Das heißt nicht, dass unser Leben jetzt von Trauer bestimmt ist. Es ist anders als früher, nicht mehr so unbeschwert, dafür mit offenen Fragen, auch zu Gott hin. Wir wollen ihm trotzdem weiter vertrauen. Es sage keiner, dass das immer leicht ist.

Zehn Jahre später

Von außen werden wir als kinderloses Ehepaar wahrgenommen. Das führt manchmal, besonders in christlichen Kreisen, zu schwierigen Situationen bzw. Fragen. Oft wird, ohne nachzufragen, davon ausgegangen, dass wir selbstverständlich Kinder haben, sie eben gerade nicht dabei sind, und es wird nach ihrem Verbleib oder Tun gefragt. Mit der ehrlichen Antwort können viele dann aber nicht umgehen und ziehen sich aus dem Gespräch bzw. ganz zurück. Hin und wieder gelingt es uns aber auch, im Gespräch zu bleiben. Was dann oft ein tiefes ist. Meistens werde ich als Frau mit diesen Fragen konfrontiert, häufig gerade dann, wenn mein Mann anderweitig beschäftigt ist. Es ist ja ein Frauenthema! Ihm bleibt dann oft nur, mich zu trösten.

Lange Zeit hatte ich bei manchen Leuten, die unsere Geschichte kennen, den Eindruck, als hätte ich ein Schild auf der Stirn, mit dem Aufdruck: „Totes Kind". Sie konnten mit mir über nichts anderes mehr reden, ohne nachzufragen, wie es mir gerade ging und wo ich innerlich stand. Andere mieden mich ganz, oder Gespräche über Schwangerschaft und Geburt wurden abgebrochen, wenn ich in Hörweite war. Das ist zum Teil bis heute so. Das mag gut gemeint sein, ist aber nicht immer hilfreich. Schließlich habe ich das alles auch erlebt. Nur mit einem anderen Ende. Und dabei beginnt dann das Dilemma, für beide Seiten. Schließlich will auch ich keine Schwangere während dieser Zeit mit meiner Geschichte belasten.

Andere erzählen von ihren Kindern, die sie ja auch loslassen müssen. Es ist sogar vorgekommen, dass eine Mutter unsere Verlusterfahrungen mit der Au-Pair-Zeit ihres Kindes im Ausland verglichen hat. Dabei ist dieses Loslassen ein ganz natürliches und zeitlich begrenztes, wobei trotz aller räumlichen Distanz die Verbindung aufrecht erhalten bleibt. Und selbst während dieser Zeit ist es heute kein Problem mehr, Kontakt zu halten und das Erleben der Kinder zu verfolgen. Das konnten wir nie. Unser Loslassen war ein endgültiges – zumindest für dieses Leben.

Vergleiche und Ideale

In unserer Gemeinde geht es herzlich zu. Man redet oft noch nach dem Gottesdienst miteinander. Das gefällt uns. Es gab aber Zeiten, wo uns nicht nach langen Gesprächen über unser Ergehen war. Dann besuchten wir andere Gottesdienste in der Stadt. Da wir aber in der eigenen Gemeinde dann nicht zu sehen waren, wurde uns vorgeworfen, wir würden die Trauerarbeit verweigern. Welch absurder Vorwurf! Eigentlich hatte ich mir gerade hier Verständnis und Unterstützung erhofft. Auch aus unserem damaligen Hauskreis hat uns nur eine Frau besucht, die anderen haben zu unserem Erleben geschwiegen. Inzwischen haben wir einen neuen Hauskreis gefunden, wo wir auch über unsere Situation reden können. Schließlich ist der Verlust von Kindern bzw. Kinderlosigkeit kein einmaliges Erlebnis von vor vielen Jahren, das sich irgendwann mal erledigt hat. Sondern es hat Auswirkungen auf unseren Alltag, bis an unser Lebensende. Was es für uns gerade jetzt bedeutet, darüber möchten wir gemeinsam reden und beten dürfen, so wie die Familien mit Kindern es auch tun.

In Predigten werden gern Vergleiche und Beispiele herangezogen. Das macht sie anschaulich. Oft sind diese Beispiele aus dem Bereich der Erziehung, der Beziehung zwischen Eltern und Kindern oder der Geburt eines Kindes. Das ist für uns nicht immer leicht zu verkraften. Besonders, wenn alles idealisiert dargestellt wird.

Für Familien gibt es besondere Gottesdienste und für sie wird auch gebetet. Warum nicht auch mal für uns, die wir nicht in die „üblichen“ Gruppen passen? Es würde einfach guttun, auch vorzukommen.

Beziehungen zu anderen Kindern

Auch Taufen, Einschulungen und Feiertage sind eine Herausforderung für uns. Allerdings merke ich, wie sich da im Lauf der Zeit auch einiges geändert hat in mir. Inzwischen kann ich mich z. B. bei Taufen an dem neugeborenen Kind von Herzen mitfreuen. Übrigens sind wir im letzten Jahr noch einmal selbst Paten geworden. Leider wohnt unser Patenkind ziemlich weit entfernt von uns, so dass es mit dem intensiven Anteilnehmen nicht so einfach ist.

Wir waren überrascht, für dieses Amt angefragt zu werden. Erleben wir doch sonst oft auch im Freundeskreis eine große Verunsicherung, wenn es um die Kleinkind-Themen geht. Schwangerschaften werden uns oft nicht mitgeteilt, oder aber eben erst, wenn es nun wirklich nicht mehr zu übersehen ist. Geburtsanzeigen erhalten wir auch nicht immer. Natürlich beanspruchen wir nicht das Recht darauf, immer alles zu erfahren. Aber solche wichtigen Familienereignisse auf Umwegen zu erfahren, ist nicht gut für das Miteinander. Wir fühlen uns dann ausgeschlossen, auf uns selbst zurück geworfen. Da kann schon mal Neid aufkommen auf die, die scheinbar alles haben: Kinder, Enkel, eine große Familie ...

Manche Leute meinen auch, da wir soviel Zeit für uns haben, müsse unsere Ehe doch besonders stabil und glücklich sein. „Andere in eurem Alter lassen sich scheiden, wenn die Kinder aus dem Haus sind.“ Sie übersehen dabei völlig, dass auch Kinderlosigkeit eine besondere Herausforderung für die Ehe ist. Man muss sich mit vielen unerfüllten Wünschen und offenen Fragen auseinandersetzen, nicht nur in der augenblicklichen Situation, sondern auch die Zukunft betreffend. Männer und Frauen gehen mit dem Thema naturgemäß sehr unterschiedlich um, was auch schnell zu Missverständnissen und Spannungen führen kann.

Dann ist da die Frage der Feiertags- und Freizeitgestaltung. Unternimmt man viel gemeinsam, fährt in den Urlaub usw., dann heißt es schnell: „Ihr habt es gut. Mit Kindern können wir das nicht!“ Da ist er dann wieder, dieser Stich im Herzen. Natürlich ginge manches mit Kindern nicht so. Wir hätten gern verzichtet und dafür manches getan, was halt nur mit Kindern geht. Schwierig für mich sind diese absoluten

Vergleiche: „Was ihr alles könnt, ihr habt Zeit, keine Verpflichtungen ...“ Ohne uns zu fragen, wie wir die Situation erleben.

Eine Bekannte, die nach mehreren Jahren Kinderlosigkeit und einer Fehlgeburt inzwischen vier Kinder hat, sagte einmal zu uns: „Es ist ein ganz anderes Leben jetzt. Man kann sich das vorher gar nicht vorstellen und es auch nicht miteinander vergleichen.“ In dieser Aussage ist keine Wertung, kein Vergleichen, sondern Akzeptanz des anderen Lebensweges. Das wünschte ich mir viel öfter. Und vielleicht manchmal auch etwas Verständnis. Das wäre ganz viel.

Sicher, wahrscheinlich haben wir durch unser Erleben einen anderen Blick und Verständnis für Menschen, die Ähnliches erlebt haben und können anders auf sie zugehen, haben auch Zeit für sie. Das haben wir des öfteren auch so erlebt. Auch haben wir mit Freizeiten für Erwachsene ohne Kinder angefangen. Und sind auf positive Resonanz gestoßen.

Kinder auf Zeit

Manche Leute wollen uns mit dem Verweis auf „geistliche Kinder“ trösten. Vielleicht gibt es die für uns sogar, aber die leiblichen können sie nicht ersetzen. Uns kommt das dann wie eine Vertröstung vor. Wenn es in Gesprächen um die Fragen von Entwicklung, Schule und Erziehung geht, können wir nur Erfahrungen mit fremden Kindern beisteuern oder bleiben bei diesem Thema die „ewigen Zuhörer“.

„Kinder auf Zeit“ – so würde ich unser Erleben eher bezeichnen. Wir haben einige Jahre bei christlichen Freizeiten für Teenager mitgearbeitet. Fast auf jeder Freizeit gab es diese besonderen Beziehungen zu einzelnen Teenies. Manche haben uns in Gesprächen in ihr Leben hineinschauen lassen, um Rat gefragt bei wichtigen Entscheidungen, manche haben einfach unsere Nähe gesucht, auch mal gekuschelt. Mit vielen durften wir beten. Das tat uns gut. Es kam auch vor, dass wir gefragt wurden: „Ist das Eure Tochter?“ Bei manchen hätte ich mir das sogar sehr gut vorstellen können. Besonders, wenn bei ihnen scheinbar Eigenschaften von uns beiden – die Musikalität meines Mannes und meine eher pragmatisch/logische Art – zu erkennen waren. Aber diese intensive Beziehung bestand eben nur für eine begrenzte Zeit. Oft haben wir danach nichts mehr voneinander gehört. Andere trafen wir bei nachfolgenden Freizeiten wieder und konnten so auch ihre Entwicklung ein Stück verfolgen. Zu einigen besteht bis heute ein herzlicher Kontakt.

Ein besonderes Erlebnis hatte ich einmal an meinem Geburtstag: Ein junges Mädchen gratulierte mir und sagte dann: „... und bleib so, wie Du bist!“ - ‚Huch!‘, dachte ich, ‚eigentlich soll man sich doch im Lauf des Lebens ändern, entwickeln!‘ Aber dann kam mir der Gedanke, dass dieser Wunsch aus dem Mund eines Teenagers ein dickes Kompliment ist! Natürlich ist es keineswegs selbstverständlich, dass Eltern zu ihren Teenies gute und intensive Beziehungen haben. Wir hätten es gerne ausprobiert.

Fast zeitgleich mit meiner ersten Schwangerschaft war eine Bekannte in meiner unmittelbaren Nähe auch schwanger. In dieser Zeit haben wir uns oft getroffen und ausgetauscht. Sie bekam einen gesunden Jungen. Meine Arme blieben leer. Diese Situation war sehr schwierig für beide Seiten. In den ersten Monaten konnte ich den Anblick des Babys nicht aushalten. Als der Junge etwa fünf Monate alt war, habe ich mich langsam an ihn heran getastet. Es entwickelte sich eine wunderbare Beziehung zwischen uns. Ich ging viel mit ihm spazieren, spielte mit ihm und konnte so seine Entwicklung verfolgen und ihm meine Liebe und Zuwendung geben. Er hat mein Herz berührt, wie es nur Kinder können. Das war heilsam für mich. Einmal hat er sogar sein letztes Gummibärchen mit mir geteilt.

Irgendwann muss auch bei ihm die Frage aufgetaucht sein, was denn mit uns ist, im Hinblick auf Kinder. Jedenfalls saß er im Gottesdienst, wie so oft, neben mir und war total unruhig, störte mich sogar etwas, was er sonst nie tat. Er muss damals etwa fünf Jahre gewesen sein. Plötzlich fragte er mich mitten im Lied: „Beate, wolltest du auch mal Kinder haben?“ Völlig perplex antwortete ich: „Ja.“ Darauf er: „Die sind gestorben, in deinem Bauch, nicht wahr?“ Nachdem ich seine Frage beantwortet hatte, schlief er auf meinem Schoß ein. Es gab nichts mehr dazu zu sagen, obwohl die Frage ihn vorher sichtlich beschäftigt hatte. Natürlich hat der Junge mit seiner Frage die Wunde in meinem Herzen berührt. Aber er hat mir auch sehr anschaulich vor Augen geführt, wie Ruhe einkehren kann, wenn man seine Fragen an die richtige Adresse richtet. Kurze Zeit später brach durch einen Umzug leider auch dieser Kontakt ab. Auch dieses Kind war eben ein Kind auf Zeit.

„Ihr seid schließlich Eltern.“

Eine Freundin von mir berichtete mir einmal von einem Traum, in dem sich unsere beiden Familien trafen. Sie mit ihrer Tochter und wir auch. Rebekka war dabei, wir trugen sie in einem Pappkarton. Die Freundin dachte: Das geht doch gar nicht. Aber im Traum war das alles ganz normal, nichts Ungewöhnliches. Als sie mir diesen Traum erzählte, sagte sie: „Es ist okay so. Ihr seid schließlich Eltern geblieben.“

Das hat mich ganz tief im Herzen berührt und getröstet. Und mir das Gefühl gegeben: Es ist in Ordnung, wie du selbst fühlst und empfindest.

Ich selbst hatte kurze Zeit nach Rebekkas Tod das Empfinden, dass wir trotzdem eine gemeinsame Aufgabe haben. Nämlich: Gott zu ehren mit unserem Leben und ihn zu loben. Das ist etwas, was wir gemeinsam tun können. Sie schon in der Ewigkeit und wir noch hier auf der Erde. Das fällt uns keinesfalls immer leicht. Oft müssen wir uns bewusst dafür entscheiden. Aber das möchten wir gern immer wieder tun.

Foto: stocksnapper/photocase.com

Brief an mein Kind

Anna, 25 Jahre

Mein liebes Kind,

ich kenne Dich kaum, und doch hab ich Dich so lieb. Du hast mir Hoffnung gegeben, Du hast mich fröhlich gemacht. Als ich von Deiner Existenz erfahren habe, fing ich das Träumen wieder an. Dein Papa und ich weinten vor Freude. Wir haben so lang auf Dich gewartet. Wir waren wirklich sehr glücklich und dankten unserem Vater, dem Erfinder des Lebens.

Ich spürte Dich nicht, und doch wusste ich: Es gibt Dich! Noch konnte ich es kaum begreifen, da merkte ich, es geht Dir nicht gut. Ich war zutiefst betrübt. Was soll das werden? Bist Du nicht unsere große Gebetserhörung? Habe ich irgendetwas falsch gemacht? Fühlst Du Dich bei Deiner Mama nicht wohl? Wie kann ich Dich bitten zu bleiben? Wir wollen Dich doch lieben und Dich wachsen sehen. Ach, bitte bleib doch noch!

Nein, der Erfinder des Lebens hat einen anderen Plan mit Dir. Und Du gehst diesen Weg. Dieser Weg ist der Sicherste. Kein Weg kann unbeschwerter sein als dieser. Du hast das Vorrecht gleich an unseres Vaters Hand zu gehen. Dort bist Du sicher! Und Liebe kannst Du von keinem mehr erfahren als von unserem liebenden Vater. Ich träume von Dir und frage mich, wie es Dir wohl geht. Aber ich habe keine Angst um Dich.

Ich vermisse Dich! Du fehlst mir so sehr! In meinem Bauch ist eine Leere. Wie gerne hätten Dein Papa und ich Deine Herztöne gehört. Wie gerne hätten wir zugesehen, wie Du Dich entwickelst. Ich hätte Deine Tritte in meinem Bauch so gerne gespürt.

Du bist zu früh gegangen! Wir haben Dich nicht in unsere Arme schließen können. Wir haben zu kurz geträumt. Aber die Hauptsache ist: Es gibt Dich!!!

Wir werden Dich nicht vergessen! Du hast Deinen Platz in unseren Herzen! Und eines Tages werden wir Dich kennen lernen. Wir werden Dich in unsere Arme schließen und sagen:

Wir lieben Dich!!!

Deine Mama

Drei Gründe, dankbar zu sein

Ursula, 62 Jahre

Es geht mir in meinem Leben so, wie es wohl die meisten Menschen empfinden. Ich erlebte Überraschungen und Freuden, die ich nicht erwartet hatte. Aber es gab auch Wünsche und Hoffnungen, die sich nicht erfüllten. Fehler sind mir zur Genüge unterlaufen, und vieles würde ich anders machen, hätte ich die Möglichkeit, die gleiche Situation noch einmal zu durchleben. Manche Rechnung ging nicht auf, und manchmal erkannte ich nach großen Enttäuschungen erst viel später, dass Gott mich auf seinem Weg geführt hatte.

Der Pfarrer unserer Gemeinde hielt vor noch nicht allzu langer Zeit eine Predigt über die Dankbarkeit. Vor dem Hintergrund der immer mehr um sich greifenden Unzufriedenheit in unserer Gesellschaft, so meinte er, sei es wichtig, sich wieder einmal darauf zu besinnen, wofür man dankbar sein sollte. Im weiteren Verlauf der Predigt zählte er Dinge und Werte auf, welche wir oft als gegeben und selbstverständlich hinnehmen, die aber bei weitem nicht jeder Mensch besitzt. Jeder Gottesdienstbesucher konnte sicher für sich selbst genug Gründe zum Danken in dieser Aufzählung finden.

Meine Geschichte ist die Geschichte einer Adoptiv- und Pflegemutter von drei Kindern. Die Traurigkeit und der Kummer über die ungewollte Kinderlosigkeit liegen weit hinter mir, sie sind überhaupt kein Thema mehr, denn meine drei wichtigsten Gründe, dankbar zu sein, heißen Andreas, Annett und Marie, unsere drei Kinder.

Nachdem weder bei meinem Mann noch bei mir medizinische Ursachen für unsere Kinderlosigkeit festgestellt werden konnten, ließen wir uns auf keine weiteren Behandlungen ein. Wir wollten nicht riskieren, eventuell ein geschädigtes Kind zu bekommen. So stellten wir nach einigen Jahren, die von Hoffnung und Enttäuschung geprägt waren, einen Adoptionsantrag.

Andreas

Andreas kam nach einer etwa einjährigen Wartezeit in unsere Familie. Fast klopft mir jetzt noch das Herz, wenn ich an die Aufregung denke, die der Anruf vom Jugendamt auslöste. Kurz und knapp wurden wir informiert: „Wir haben einen neugeborenen Jungen für sie. Können sie 14 Uhr mit uns zur Entbindungsstation kommen und sich das Kind ansehen?“ Natürlich konnten wir! Es ist kaum zu beschreiben, welche Gefühle einen bewegen, wenn man in ein Zimmer geführt wird, in dem vielleicht 10 oder auch mehr Neugeborene schlafen, schreien oder nur still im Bettchen liegen. Ich habe einmal einen sehr humorvollen und schönen Ausdruck über ein Baby gelesen. Darin wurde so ein kleines Wesen als „Sieben Pfund Glück" bezeichnet. Uns wurden genau 3900 Gramm Glück in die Arme gelegt, und das Glück war gerade mal 50 cm lang.

Andreas krempelte unser ganzes Leben um. Nicht, dass die Versorgung des Babys viele Probleme gemacht hätte, ich hatte einen Beruf gelernt, in dem die Pflege von Babys mit zur Ausbildung gehört, da ging das Baden, Wickeln usw. schnell von der Hand. Aber unser gesamter Lebensstil änderte sich. Waren wir früher gern ausgegangen, so taten wir dies jetzt ohne Bedauern nicht mehr. Viele Dinge (Hobbys usw.), die früher die freie Zeit ausgefüllt hatten, waren plötzlich unwichtig geworden.

Unsere ganze Familie – Eltern, Geschwister und auch die Freunde – freuten sich mit uns. Wir durften nachhaltig spüren, dass geteilte Freude doppelte Freude und mehr ist. Ein guter Freund meinte: „Es gibt für uns alle die Zeitrechnung vor und nach Christi Geburt, für euch gibt es noch eine zweite Rechnung, die heißt: vor und nach dem Andreas!"

Wir erlebten die vielen Glücksmomente, wie sie alle Eltern kennen, die Freude über das erste Lachen, den ersten Zahn, die ersten Worte, die „tausend" drolligen Begebenheiten..... !

Annett

Kurz nach Andreas' erstem Geburtstag fragten wir beim Jugendamt ob die Adoption eines zweiten Kindes für uns möglich wäre. Ganz ohne Hoffnung auf eine zweite Adoption ließen uns die damaligen Fürsorgerinnen nicht, aber uns war klar: Einfach würde es nicht werden.

Nachdem sich ca. ein Jahr lang nichts getan hatte, wurde ich, völlig unabhängig davon, vom Jugendamt zu einer Veranstaltung in ein nahegelegenes Kinderheim eingeladen. Das Kinderheim stellte lediglich seinen Speisesaal als Räumlichkeit zur Verfügung, ansonsten ging es hier weder um Kinder noch um Adoption oder dergleichen. Das dort angebotene Programm interessierte mich eigentlich wenig, aber weil es in einem Kinderheim stattfand, fuhr ich hin. Natürlich in der vagen Hoffnung, vielleicht dort irgendetwas in Richtung auf unsere geplante zweite Adoption hin, bewegen zu können. Dass dies gehen sollte, einfach so, eben mal im Heim nach einem Kind fragen, als Privatperson und ohne Jugendamt, war eher sehr unwahrscheinlich. Aber mir schien diese Einladung wie ein Wink Gottes zu sein. Und heute, nachdem 25 Jahre darüber vergangen sind, bin ich fest davon überzeugt, das war sie auch.

Ich kam mit dem Heimleiter ins Gespräch. Dieser Mann war ein erfahrener und beeindruckender Pädagoge, dem es an erster Stelle um das Wohlergehen der ihm anvertrauten Kinder ging. Im Verlauf unserer Unterhaltung versprach er mir, uns anzurufen, falls er ein Kind für uns wüsste.

Vier Wochen später bekamen wir einen Anruf aus dem Kinderheim und wurden gefragt, ob wir ein kleines Mädchen, acht Jahre alt, amtlich noch nicht zur Adoption freigegeben, für ein Wochenende zu uns nehmen wollten. Wir wollten. Und so kam Annett in unsere Familie.

Aber so schnell und einfach, wie dieser Satz geschrieben ist, war es leider nicht. Ein halbes Jahr lang war überhaupt nicht klar, ob Annett bei uns bleiben konnte. Sie durfte in dieser Zeit nur alle vier Wochen, an den festgelegten Besuchswochenenden, zu uns kommen. Einmal sagte sie zu mir: „Es wäre so schön, wenn du meine Mutti wärst!"

Weihnachten ging darüber hin. Wir hatten, nach Absprache mit dem Heimleiter, Annett versprochen, Weihnachten bei uns feiern zu dürfen. Kurzfristig wurde dies vom Jugendamt verboten. Was die Gründe hierfür waren – wir wissen es bis heute nicht. Aber wir wissen, dass der Heimleiter mit sehr viel Engagement, und sicher seine Kompetenzen überschreitend, in letzter Minute ermöglicht hat, dass wir mit Annett bei uns zu Hause ein frohes Weihnachten verleben konnten.

Drei Monate später war Annett zur Adoption freigegeben. Anfänglich war ich, wie sollte es bei einem achtjährigen Kind, das sieben Jahre bei seiner leiblichen Mutter gelebt hat, auch anders sein, die Tante Ursula. Wer kann ermessen, was die kleine Kinderseele damals durchmachte. Plötzlich von ihren Geschwistern, an denen sie oft genug die Mutterstelle vertreten hatte, weggeholt ins Heim. Jedes Kind war in ein anderes Heim gebracht worden. Wie oft hat sie sich gefragt, wo die Schwestern wohl sind, wie oft sich gesorgt, ob sie auch genug zu essen haben. Wie viel Zeit hat sie darüber gegrübelt, dass sie sich vielleicht fürchten könnten oder sie im Heim eventuell schlecht behandelt würden.

Einer der für mich glücklichsten Momente aus Annetts Kindheit bei uns wird mir wohl unvergesslich bleiben. Ich lief, für sie unverhofft, die Straße entlang – und sie kam, flink und schnell, wie sie war und ist, aus einer Seitengasse gerannt. Ihre blonden Haare flogen im Wind, und die Sonne strahlte sie an. Sie rief und winkte mir freudig zu und nannte mich zum ersten Mal „Mutti".

So wuchsen nun Andreas und Annett bei uns auf. Wir kennen, so denke ich, ähnliche oder gleiche Freuden und auch Sorgen wie alle anderen Eltern auch. Wir denken zurück an liederlichste Kinderzimmer und vergessene Hausaufgaben. Wir bekamen liebevoll gebastelte Geschenke und durften (oder mussten) selbstgekochte Mahlzeiten essen. Wir waren später von Handyrechnungen geschockt und freuten uns, wenn Annett als die behütende große Schwester ihrem Bruder öfters aus der Patsche half. Einige dieser Empfindungen waren natürlich auch durch die besonderen Umstände bedingt, unter denen die Kinder in unsere Familie gekommen waren. So die Freude, als wir Annetts Musikalität entdeckten, denn von uns konnte sie das nicht haben?!

Aber auch der Kummer, wenn Annett abends manchmal nach ihren Geschwistern weinte und ich hilflos war, und nur mitweinen konnte. Später konnten wir die Geschwister ausfindig machen, und Annett hat seitdem guten Kontakt zu ihnen. Es war ein unbeschreiblich glücklicher Sonntagnachmittag, an dem sich Annett und ihre Geschwister nach sechs Jahren zum ersten Mal wiedersahen. Sie sind ebenfalls adoptiert worden, und seitdem hat sich auch zwischen ihren Eltern und uns eine gute Beziehung entwickelt.

In der ersten Zeit bei uns kam es für Annett auch zu viel Ablehnung in ihrem neuen Umfeld, was mir zusätzlich viele Sorgen und seelische Nöte bereitete. Eine gute Freundin half mir da, wann immer ich sie brauchte. Ihr Zuspruch: „Was in Gottes Verantwortung liegt, brauchst du nicht extra selbst noch zu tragen“, hat mir damals sehr geholfen. Trotzdem waren für mich die ganzen Umstände so schlimm, dass ich Depressionen und Angstzustände bekam. Ich meinte, Annett immer und überall beschützen zu müssen, fühlte mich für jede Situation verantwortlich, von der ich glaubte, Annett sei, wie auch immer, verletzt worden. Das kostete sehr viel Kraft.

Eines Morgens fuhr ich mit den Kindern zum Schwimmunterricht, auf dem Weg dahin stürzte ich so schwer mit dem Fahrrad, dass ich für 14 Tage ins Krankenhaus musste. Andreas hatte auf dem Kindersitz mit bei mir auf dem Fahrrad gesessen, ihm war nichts passiert, er hatte nicht mal eine Schramme. Annett war vornweg gefahren und war ebenfalls nicht mit in den Sturz verwickelt worden. Am Morgen dieses Tages stand unter anderem in der Losung: „Herr, manchmal schlägst du uns alles aus der Hand, weil wir meinen, alles selbst regeln zu müssen und unentbehrlich zu sein.“ Dieses Losungsheft habe ich bis auf den heutigen Tag aufgehoben. Während der 14 Tage Krankenhausaufenthalt waren meine Ängste und Depressionen wie weggeblasen, völlig ohne die Einnahme irgendwelcher Medikamente.

Zu Hause lief mit der Hilfe der Familie und unserer Nachbarn alles seinen Gang. Mein Mann fuhr sogar allein mit den Kindern in den Urlaub. Ich hatte ihn sehr darum gebeten, konnte er mir doch im Krankenhaus sowieso nicht helfen, und die Kinder hatten sich so auf den Urlaub gefreut. Noch im Krankenhaus begriff ich, warum mir Gott auf diese Weise eine Auszeit gegeben hatte. Ich erkannte, dass ich nicht immer alles selbst regeln und klären muss und dass nicht alle Dinge in meiner Macht und Verantwortung liegen – und vor allem, dass Geduld ein sehr hilfreicher Charakterzug ist. Wenn ich heute mit Annett über diese Zeit spreche, so meint sie, wahrscheinlich habe ich das alles sehr viel schlimmer empfunden als sie selbst.

Geschwister

Natürlich wuchsen Annett und Andreas nicht ohne die üblichen geschwisterlichen Rivalitäten auf, über die man im Nachhinein so herzlich lachen kann, die aber sehr nervig sein können, wenn man mittendrin steckt. So glaubte z.B. Andreas, die Annett habe als große Schwester in vielen Dingen immense Vorteile. Um wieviel war ihr Leben doch einfacher, weil sie, als die Ältere, das Geschirr abwaschen durfte und er, wie bedauernswert, immer nur abtrocknen musste. Daraufhin wurde getauscht, Andreas machte den Abwasch und Annett sollte abtrocknen. Aber, o Schreck, Annett kam erst zwei Stunden später aus der Schule und das ganze Geschirr war schon im Abtropfbecken von alleine getrocknet. So ein Unglück, „die" sollte doch auch mal merken, wie furchtbar es ist, abtrocknen zu müssen!!! Wie war da wohl Abhilfe zu schaffen? Nun, nichts leichter als das, Andreas schüttete nochmals reichlich Wasser über den gesamten Abwasch. Er tat dies mit Akribie, damit auch ja keine Stelle trocken blieb. Nun hatte er es „der" aber mal gezeigt! Dass er in dieser Zeit längst hätte spielen können, was soll`s, manche Dinge sind eben wichtiger. Da muss man einfach mal Prioritäten setzen!

Viele solcher Anekdoten über das Miteinander der Kinder habe ich aufgeschrieben und es macht Freude, manches schon halb vergessene wieder auszugraben. Da ist z.B. die Sache, als beide ein nicht eben erfreuliches Zeugnis nach Hause brachten und mir von Annett gleich mit dem Zeugnis eine Tafel Marzipanschokolade als Trost überreicht wurde. Heute ist das für mich eine sehr schöne und lustige Erinnerung, damals sah ich die Dinge allerdings etwas anders...

Und da gibt es noch die Geschichte, welche ihren Abschluss erst im Erwachsenenalter der beiden „Großen" gefunden hat. Einmal, es war der Abend vor dem Nikolaustag, putzten beide Kinder im Heizungskeller ihre Schuhe. Da fielen die ersten Schneeflocken vom Himmel, und die Freude darüber war riesengroß. Ich holte sie zum Abendessen, und die Kinder sprangen und tanzten vor lauter Schneeflockenglück die Treppe hinauf, und Andreas rief fröhlich: „Komm mit Annett, wir freuen uns oben weiter!" Es war so schön, an dieser Freude über ein paar kleine Schneeflocken teilzuhaben, dass ich von diesem Erlebnis, so recht nach Oma-Art, im Nachhinein sicher oft erzählt habe. Darüber sind nun 20 Jahre vergangen. Als im vorigen Jahr der erste Schnee fiel, erhielt Annett von Andreas folgende SMS: „Komm mit Annett, wir freuen uns oben weiter!"

Natürlich verklärt die Vergangenheit auch vieles, und ich möchte keinesfalls den Eindruck erwecken, dass bei uns alles glattgelaufen ist. Da gab es Sorgen, bei beiden Kindern, als sie auf Arbeitssuche waren und nicht sofort eine Stelle fanden. Da schluckten wir schon mal, als Andreas, gerade eben ausgelernt, Vater wurde und noch arbeitslos war. Hatte er uns doch kaum erst selbst aus dem Kinderwagen froh entgegengelacht. Und da gab es auch Probleme und Sorgen, die nur im Familienkreis besprochen wurden und nicht an die Öffentlichkeit gehören. Aber die Freude und die Dankbarkeit überwiegen bei weitem.

Marie

Ja, die liebe Marie, von ihr habe ich bis jetzt noch gar nichts geschrieben. Aber nun kommt ihre Geschichte. Annett war mittlerweile 23 und Andreas 18 Jahre alt. Ich hatte keine Arbeit und suchte nach einer Aufgabe. Mein Mann arbeitete noch. So war ich den ganzen Tag allein zu Hause.

Also stellten wir, nachdem wir auch mit Annett und Andreas darüber gesprochen hatten, beim zuständigen Jugendamt einen Antrag auf Inpflegenahme eines Kindes. Mein Mann und ich waren beide schon im „Großelternalter", aber, so dachten wir, „für ein Kind ist es immer noch besser, bei Oma und Opa aufzuwachsen als im Heim".

So kam Marie erst mal für sechs Wochen zu uns in Kurzzeitpflege. Sie war ein hübsches Mädchen von sechs Jahren, deren Entwicklung aber in keiner Weise ihrem Alter entsprach. Marie war der Bewegungsdrang in Person, alles an ihr zappelte. Nur, wenn sie im Freien oder im Zimmer sehr fantasiebegabt und ausdauernd spielte, war sie ruhig und konzentriert. Dabei konnte sie mit großem Talent alle möglichen Dinge sehr gut in ihr Spiel einfügen. Auch oder vielleicht sogar hauptsächlich mit Vorliebe die verbotenen. Marie war und ist sehr liebebedürftig und sehr liebesfähig. Sie kann sehr selbstlos sein, und Mensch und Tier sind gleichermaßen ihrer Liebe, aber auch oft ihrem starken Willen unterworfen.

Dann kam der Tag, an dem Marie wieder in ihre Ursprungsfamilie zurückmusste. Ein trauriger Tag für uns alle. Ich rief sie etwa 14 Tage später einmal in ihrem Kindergarten an. Mit verlorener Stimme fragte sie nach fast allen Leuten, die sie in den sechs Wochen bei uns kennen gelernt hatte. Ich rief sie nie wieder an.

Dem Jugendamt signalisierten wir, dass wir Marie gerne als Vollzeitpflegekind zu uns nehmen würden. Wir wussten, dass sie aus der Ursprungsfamilie gelöst werden sollte. Es ging eine Wartezeit von einem halben Jahr vorüber, in der wir hofften und beteten, dass es Marie einigermaßen gut gehen möge.

Dann kam der Tag, an dem wir vormittags 11 Uhr erfuhren, dass Marie am gleichen Tag nachmittags 14 Uhr aller Voraussicht nach für immer zu uns kommen würde. Und so kam Marie in unsere Familie. Sie hatte zum Glück nicht an dem Kummer um verlorene Geschwister zu leiden, wie das bei Annett der Fall gewesen war. Mit ihrem Bruder stehen wir in Verbindung, und sie weiß, es geht ihm gut.

Leider habe ich von Marie fast keine Anekdoten und Geschichten aufgeschrieben. Das ist sehr schade, denn da gab es viele und auch sehr lustige. Aber die Tage mit Marie waren in der ersten Zeit so anstrengend, dass ich abends einfach zu müde war, um noch andere Arbeiten zu erledigen, als die unbedingt nötigen. Einmal wachte ich in der Nacht, vollständig angezogen neben ihr im Bett liegend auf. Wir waren beide über dem Vorlesen der abendlichen Gute-Nacht-Geschichte einfach eingeschlafen.

Ein lieber Freund sagte, nachdem wir mit Marie zum ersten Mal eingeladen waren, beim Abschied mit gutmütigem Spott zu mir: „Also Ursula, ich glaube, ihr werdet nun überall nur noch höchstens einmal eingeladen!“ Es war aber nicht so, dass Marie irgendetwas böswillig getan hätte. Sie hatte immer, zumindest aus ihrer Sicht, sehr gute Ideen. Leider stimmten diese nicht sehr oft mit den Vorstellungen der Erwachsenen überein. Wie schade!

Ist es zum Beispiel nicht nachvollziehbar, das man im Jahre 2002 Hochwasser spielen will? Ich denke doch! Kann man da nicht verstehen, dass dieses Spiel sehr realitätsnah verlaufen soll? Ich glaube schon! Also, was tun? So können nur Erwachsene fragen. Man besorgt sich einfach zwei Wassereimer; lässt sie am Wasserbehälter, der am Giebel des Hauses steht, vollaufen und kippt sie dann einfach in das nahegelegene ebenerdige Kellerfenster. Nach zehn Eimern hat man dann schon ein kleineres Hochwasser produziert. Ist doch kreativ – oder? Das soll erst mal einer nachmachen!

Marie war am Anfang so hochgradig nervös, dass ihr kleines Gesicht ständig durch einen Tic zum Zucken gebracht wurde. Auch Arme und Beine waren stets in Bewegung. Dabei war ihr Wissensdurst ungeheuer, und es gab immer etwas zu fragen. Zum Glück war der nervöse

Tic ohne Behandlung, Medikamente oder sonst dergleichen nach kurzer Zeit verschwunden. Auch in ihrem ganzen Verhalten wurde sie langsam ruhiger.

Vor allem die Tiere hatten und haben es Marie angetan. Im Winter ging sie in den Hühnerstall und steckte ein Huhn nach dem anderen für einige Zeit unter ihren Anorak, um es aufzuwärmen. Nie hatten wir Katzen, aber seit Marie da ist, scheinen wir ausgesetzte und verwilderte Katzen förmlich anzuziehen. Einmal entriss sie einer Katze eine Maus, deren Schicksal eigentlich schon besiegelt war. Zum Dank dafür wurde sie von der Maus gebissen. Diese gute Tat brachte Marie einen Gang zum Arzt und eine von ihr so gefürchtete Spritze ein.

Wir bemühten uns sehr, Maries bevorstehende Einschulung um ein Jahr hinauszuschieben, leider ohne Erfolg. Heute besucht Marie die Realschule in unserem Ort, darüber freuen wir uns sehr. Die Prognosen, die für ihre schulische Entwicklung gegeben wurden, waren weitaus ungünstiger. Aber es wäre für sie um vieles leichter gewesen, hätte man ihr noch ein Jahr unbeschwerte Kindheit zugebilligt, in welchem sie ohne zusätzlichen Schulstress Versäumtes hätte nachholen können.

So entwickelten wir Strategien und Taktiken, um Marie das Lernen leichter zu machen. Einmal, es war in der Grundschule, die bevorstehende Mathearbeit schwebte wie ein Damoklesschwert über uns, gab ich das Üben auf, weil nichts mehr ging. Die Kinder sollten es lernen, von 100 an rückwärts zu zählen. Wir gingen einfach in den Wald spazieren, mit einer 5 oder 6 in der Arbeit hatten wir uns abgefunden.

Da machte ich einen letzten Versuch. Wir legten einen Stein als Merkzeichen an den Waldrand, von diesem Stein aus liefen wir dann hundert Schritte in den Wald hinein. Nun sagte ich Marie, dass wir bei 100 Schritten rückwärts wieder am gleichen Stein ankommen müssten. Wir zählten die Schritte nun von Hundert an rückwärts, kamen auch am betreffenden Stein wieder an und Marie hatte die Sache im Nu begriffen. Die nun einsetzende Freude und Dankbarkeit waren unglaublich. Wie ein Gummiball sprang sie herum und konnte ihrem Glück gar nicht genug Ausdruck verleihen. Ich musste nun mit ihr vom Waldrand bis zum Dorf rückwärts laufen und immer wieder zählte sie dabei glückstrahlend rückwärts von 100 bis 1. – Mittlerweile ist Marie 15 Jahre alt.

Was wäre, wenn…

Ich habe die Geschichten von unseren Kinder nicht aufgeschrieben, um kinderlosen Paaren eine Adoption zu empfehlen oder einzureden. Die Entscheidung für oder gegen einen solchen Schritt hängt von so viel individuellen Faktoren ab, da kann und darf kein Außenstehender meinen, gute Ratschläge verteilen zu müssen. Aber denjenigen Paaren, die schon über diese Möglichkeit nachgedacht haben, möchte ich doch sehr gern ein kleines bisschen Mut dazu machen.

Und da es das Hauptanliegen meiner Geschichte ist, unsere Dankbarkeit für die uns von Gott anvertrauten Kinder zum Ausdruck zu bringen, so darf ich mit Freude schreiben, dass es inzwischen sechs weitere Gründe zum Danken in unserer Familie gibt. Nämlich zwei Schwiegerkinder und vier Enkelkinder, wobei wir das große Glück haben, als Großeltern in jeder der jungen Familien gebraucht zu werden und angenommen zu sein.

Würde ich mein Leben noch einmal beginnen können, und würde Gott mich selbst entscheiden lassen, ob leibliche Kinder oder Andreas, Annett und Marie, so gäbe es keine Frage und keinen Zweifel, für mich nicht und auch nicht für meinen Mann: In unsere Familie kämen wieder Andreas, Annett und Marie.

Jesus spricht:

Wer ein solches Kind aufnimmt

in meinem Namen,

der nimmt mich auf.

Matthäus 18,5

Teil III

Hilfen, Fakten und Argumente

In diesem Teil des Buches sollen Denkanstöße zu den Fragen gegeben werden, die jede kinderlose Frau und jedes Ehepaar irgendwann einmal beschäftigen:

Wenn wir keine eigenen Kinder bekommen, sollen wir dann ein Kind adoptieren? Müssen wir das als Christen tun?

Und wie ist das mit der künstlichen Befruchtung? Kann man das mit dem christlichen Glauben vereinbaren? Ist es nicht eine Behandlung wie jede andere? Wird dadurch nicht dem neuen Leben einfach auf die Sprünge geholfen? Können wir als Christen alle Möglichkeiten nutzen, oder gibt es da Grenzen? Und, wenn ja, wo sind diese Grenzen?

Und wenn die ganze Reproduktionsmedizin mir doch zu weit geht – gibt es noch andere Möglichkeiten? Gibt es nicht echte Therapien ohne Nebenwirkungen?

Wir haben bewusst darauf verzichtet, vorgefertigte Antworten zu geben. Die folgenden Beiträge sind wirklich als Denkanstöße gedacht. Sie sollen Hilfe zum persönlichen Weiterdenken und zum Argumentieren im Gespräch sein.

Kinderlosigkeit – zwischen Hoffnung und Erkenntnis

Sonja Fritzsch

Seit 1992 bin ich als Beraterin für Natürliche Empfängnisregelung tätig und habe viele Frauen bzw. Paare auf dem Weg zu einem eigenen Kind begleiten dürfen. Aus dieser Erfahrung heraus lässt sich folgendes sagen:

Es ist heutzutage nicht mehr selbstverständlich, dass Paare ihren sehnlichsten Wunsch verwirklichen können, ein Kind zu bekommen. Dafür gibt es sicherlich die unterschiedlichsten Gründe, persönliche wie medizinische. Aus meiner Kinderwunsch-Beratung kann ich jedoch sagen, dass die meisten Paare nicht wissen, an welchen Tagen im Zyklus der Frau eine Empfängnis überhaupt möglich ist.

Mir scheint es unerlässlich, dass sich das Paar, insbesondere die Frau, mit ihrem Zyklus befasst und auseinandersetzt. Dazu ist es nötig, sich Wissen anzueignen. Die Natürliche Empfängnisregelung von Prof. Dr. Josef Rötzer ist ein Weg, der sich für Kinderwunsch-Paare auf jeden Fall lohnen wird.

Warum? Die Natürliche Empfängnisregelung (NER) von Prof. Rötzer kann im gesamten fruchtbaren Leben der Frau angewandt werden – von der Pubertät bis zu den Wechseljahren. Sie ist gut erlernbar, hat keine gesundheitsschädigenden Nebenwirkungen und ist sehr kostengünstig.

„Durch das Kennenlernen der Vorgänge in ihrem Körper wird der Frau die eigene Fruchtbarkeit immer mehr bewusst. Sie versteht den Rhythmus von fruchtbaren und unfruchtbaren Tagen, wie er sich bei ihr persönlich abspielt. Sie weiß, wann sie neues Leben empfangen könnte, sie weiß aber auch um ihre sicher unfruchtbaren Zeiten. Dieses Wissen trägt zur inneren Ruhe der Frau bei, und offensichtlich werden die biologischen Vorgänge von der Frau als Teil ihres Personseins erlebt. ... Die Natürliche Empfängnisregelung vermittelt dem Ehepaar einen Zugang zu einer verantworteten Elternschaft, in der die Fruchtbarkeit auf natürliche Art – ohne medikamentös einzugreifen – verstanden, angenommen und gelebt wird.“ (Prof. Rötzer)

Natürliche Hilfen für den Zyklus

Ich muss an dieser Stelle wiederholen, dass die wenigsten Paare um ihre Fruchtbarkeit bzw. um die fruchtbaren Tage im Zyklus wissen. Selbst Paare, die direkt aus der Sterilitätsberatung zu mir kommen, wissen manchmal nicht, an welchen Tagen eine Empfängnis überhaupt möglich ist. In schulmedizinischen Sterilitätsberatungen wird der Fokus zu sehr auf den Eisprung gelegt, oft losgelöst vom eigentlichen und persönlichen Zyklusgeschehen der Frau. Auch Basaltemperaturaufzeichnungen der Frauen bringen nicht den gewünschten Effekt, weil einerseits nur die Aufwachtemperatur in eine Tabelle eingetragen wird und leider vom behandelnden Gynäkologen oft falsche Schlüsse daraus gezogen werden.

Mir erscheint es viel wichtiger, dass die Frauen angeleitet werden, sympto-thermale Zyklusaufzeichnungen anzufertigen. Es ist im Falle des Kinderwunsches viel effektiver, die Tage mit Fruchtbarkeitsschleim zu beobachten und sie zusammen mit den Messungen der Aufwachtemperatur (nach Rötzer) in die Tabelle einzutragen. So ist es möglich, anhand der sympto-thermalen Aufzeichnungen eventuelle Zyklusstörungen, wie z.B. zu kurze Temperaturhochlagen (eventueller Progesteronmangel) oder zu lange Temperaturtieflagen (Störungen der Follikelreifung), mit Hilfe von natürlichen Heilmitteln und Präparaten zu behandeln. So soll der Körper der Frau wieder lernen, zum richtigen Zeitpunkt das Richtige zu tun.

In diesem Zusammenhang ist es besonders wichtig, dass Heilmittel und Präparate **zyklusgerecht** angewandt werden. *Zyklusgerecht* bedeutet, dass nur die Zyklusphase behandelt wird, die auch tatsächliche Störungen aufweist. Ein weiterer entscheidender Punkt: **Ohne** sympto-thermale Zyklusaufzeichnungen ist es schier unmöglich, bei Bedarf und nach ärztlicher (!) Einschätzung bzw. Diagnose natürliche Hormone zyklusgerecht einzusetzen. Im Östrogen-Bereich sollte auch nur dasjenige Östrogen auf **natürlicher** Basis ersetzt werden, das der Frau auch tatsächlich fehlt. Beim Einsatz von natürlichem Progesteron ist es wichtig, nur geringe Mengen (und wieder zyklusgerecht!) zu verwenden. Bei Behandlungen mit natürlichen Hormonen und nach Absprache mit einem Arzt (!) ist es wichtig, den Körper nur zu unterstützen und ihn nicht vollzupumpen oder zu manipulieren.

Hormonelle Verhütungsmittel

Ein weiteres unerlässliches Thema in Sachen Kinderwunsch sind hormonelle Verhütungsmittel. Oft ist die frühzeitige bzw. langjährige Einnahme der sogenannten Pille die Ursache der ungewollten Kinderlosigkeit. Wir müssen uns von dem Mythos verabschieden, dass die „Pille“ nicht schädlich ist und dass nach Absetzen der „Pille“ eine baldige Schwangerschaft eintreten kann, auch wenn das hin und wieder vorkommt.

Wird die „Pille“ in jungen Jahren zur Zyklusregulierung angewendet, schadet sie vielen Frauen ganz erheblich. Dazu eine kurze Erläuterung: Alle auf dem Markt befindlichen Pillensorten enthalten (nach meinem derzeitigem Wissenstand) künstliche, in der Natur so nicht vorkommende, Hormone. Durch die Einnahme solcher Präparate wird der Körper der Frau mit diesen künstlichen Hormonen „überschüttet" und ein Pseudozyklus aufgebaut. Es findet also kein natürlicher Zyklusverlauf mehr statt. Dadurch können Zyklusstörungen nicht erkannt und behoben werden. Setzt die Frau dann die „Pille" ab, sind die Zyklusstörungen weiterhin grundlegend vorhanden, und die Frau kann unter Umständen deshalb nicht mehr auf natürlichem Weg schwanger werden.

Die Wirkungsweise der „Pille" im Körper der Frau steht auf drei entscheidenden Säulen:

a) **Die Nidationshemmung** – aufgrund der unzureichenden sekretorischen Umwandlung des Endometriums (der Gebärmutterschleimhaut) kann sich der Embryo nicht einnisten.
b) **Einschränkung der Motilität der Tube** – die Beweglichkeit des Eileiters wird eingeschränkt und damit der Transport des Embryos verlangsamt.
c) **Verdickung des Zervixschleims** – durch die synthetischen Gestagene kommt es zu einer Verdichtung des Zervixschleims (des Schleims, der am Gebärmutterhals gebildet wird). Das soll als Barriere dienen, so dass es zu keiner Befruchtung kommen sollte.

Dies sind nur die drei beabsichtigten Hauptwirkungen der Pillen-Präparate. Es würde den Rahmen meines Artikels und des vorliegenden Buches sprengen, weiter auf das Thema Haupt- und Nebenwirkungen bei hormonellen Kontrazeptiva einzugehen. (Zur Vertiefung ist hier „Empfängnisverhütung – Fakten, Hintergründe, Zusammenhänge" von Hrsg. Roland Süßmuth zu empfehlen.)

Mögliche weitere Ursachen der Kinderlosigkeit

In Sachen Kinderlosigkeit ist es jedoch auch notwendig, noch andere Aspekte kurz zu beleuchten. Ursachen ungewollter Kinderlosigkeit können typische Verhaltensmuster wie zuerst negativer Kinderwunsch mit Antikonzeption (Verhütung), oder zu später Kinderwunsch (wegen der Abnahme der Fruchtbarkeit mit zunehmendem Alter) sein. Hinzukommen noch Teenager-Sexualität (zu frühe sexuelle Kontakte) und die damit verbundene zu frühe Einnahme hormoneller Verhütungspräparate bzw. Einnahme der Verhütungspräparate zur Zyklusregulierung oder sogar als Akne-Therapie während der Reifezeit, der Pubertät.

Kinderlosigkeit hat sicherlich viele Ursachen, soziale, psychologische und medizinische. Eines haben betroffene Frauen jedoch gemeinsam: Kinderlosigkeit lässt einen großen Schmerz entstehen und es bleibt die Frage, wie die Betroffenen damit umgehen.

Der Kern des Frauseins

Die Auseinandersetzung mit dem Körper, die Wissensaneignung wie der Körper der Frau im Zyklusgeschehen funktioniert, ist auch für kinderlose Frauen und Paare wichtig. Denn durch das Wissen um das Zyklusgeschehen ist es den Frauen möglich, sich trotz Kinderlosigkeit bzw. nichteingetretener Schwangerschaft als Frau zu fühlen.

Es ist nicht nur die Mutterschaft, die das Wesen einer Frau ausmacht. Eine Frau ist im Kern des Wesens vom rhythmischen Zyklusgeschehen geprägt. Es ist also wichtig für kinderlose Frauen, den natürlichen Zyklus zu spüren. Es lohnt sich auf jeden Fall, den Zyklus auf einem dafür vorgesehenen Zyklusblatt sichtbar zu machen - auch im Hinblick auf die Wechseljahre, um den körperlichen Veränderungen auf der Spur zu bleiben. Es ist für kinderlose Frauen mindestens genauso wichtig wie für Mütter, sich von den möglichen fruchtbaren Jahren langsam verabschieden zu können.

Das mag für kinderlose Frauen als Widerspruch erscheinen. Meine Erfahrungen gehen jedoch dahin, dass es einen Unterschied macht, ob ich nur vom Kopf her weiß, dass ich unfruchtbar bin, oder ob ich es auf dem Zyklusblatt auch sehen kann. So haben die Frauen die Möglichkeit, das eigentliche Wunder des Zyklus, die Abfolge von möglichen fruchtbaren und sicher unfruchtbaren Tagen mit den körperlichen Veränderungen wahrzunehmen. Damit können sich ungewollt kinderlose Frauen im Kern annehmen und als Frau fühlen. Dies ist ein wichtiger Schritt bei der Bewältigung der Kinderlosigkeit mit all ihren Trauer- und Abschiedsphasen. Mit dem Wissen der Natürlichen Empfängnisregelung lässt sich erkennen, dass sie sich nicht vom Frausein verabschieden müssen, sondern von dem Wunsch, ein eigenes Kind bekommen zu können.

Die Natürliche Empfängnisregelung von Prof. Dr. Rötzer soll den kinderlosen Frauen eine Hoffnung sein, sich doch als Frau annehmen zu können. Deshalb möchte ich Sie zu einem Grundkurs herzlich einladen. Sie werden staunen, wieviel Sie FRAU sind, auch wenn Ihr Körper kein Kind empfangen kann.

Sonja Fritzsch ist Fachberaterin für Natürliche Empfängnisregelung. Sie ist verheiratet, Mutter von drei erwachsenen Töchtern und wohnt im Erzgebirge. Ein Schwerpunkt auf diesem Arbeitsfeld ist die Kinderwunschberatung. Außerdem ist die Autorin Kursleiterin am Elterncolleg Christa Meves und beschäftigt sich mit Bindung und Bindungsstörungen im Säuglingsalter.

Quellen:

Dr. Rudolf Ehmann (Chefarzt Gynäkologie /Geburtshilfe am Kantonsspital Nidwalden, Schweiz und Mitglied des fachlichen Beirates des Institutes für Natürliche Empfängnisregelung): „Verhütungsmittel – verhängnisvolle Nebenwirkungen über die man nicht spricht.“ in: Roland Süßmuth (Hrsg.): Empfängnisverhütung – Fakten, Hintergründe, Zusammenhänge

Prof. Dr. Josef Rötzer: Die Natürliche Empfängnisregelung – Der partnerschaftliche Weg
(Prof. Rötzer ist Arzt für Allgemeinmedizin, Begründer der symp-to-thermalen Methode der Natürlichen Empfängnisregelung und Präsident des Institutes für Natürliche Empfängnisregelung in Vöcklabruck, Österreich.)
www.iner.org

Weiterführende Literatur:

Prof. Dr. Josef Rötzer: Der persönliche Zyklus der Frau – Von der Vorpubertät bis zu den Wechseljahren
Prof. Dr. Josef Rötzer : Die Natürliche Empfängnisregelung – Der partnerschaftliche Weg
Roland Süßmuth (Hrsg.): Empfängnisverhütung – Fakten, Hintergründe, Zusammenhänge

Zum Thema natürliche Hormone:

www.hormonselbshilfe.de und

Elisabeth Buchner: Wenn Körper und Gefühle Achterbahn spielen

Meine Erfahrungen mit NER

Johanna, 48 Jahre

Während ich an meiner Geschichte für das Buch schrieb, nahm ich an einem Grundkurs Natürliche Empfängnisregelung (NER) teil. Nicht, um schwanger zu werden, sondern um meinen Körper positiv wahrzunehmen. Der Kurs wurde von einer christlichen Fachberaterin für Natürliche Empfängnisregelung geleitet, überwiegend für Paare mit Kinderwunsch oder dem Wunsch nach natürlicher Empfängnisregelung, aber auch für Frauen wie mich, die mit dem Thema Kinderwunsch abgeschlossen haben. Es ging immer um die Frau selbst. Ich begann mit der täglichen Messung der Aufwachtemperatur und Zyklusbeobachtung. Dabei entdeckte ich ganz neu, wie wunderbar Gott mich als Frau schuf. Denn auch ohne Schwangerschaft und Kind eröffnen sich mir die guten biologischen Vorgänge in meinem Körper, und ich erkenne meinen ganz persönlichen Zyklus. Ganz bewusst erlebe ich mein Frausein sehr wertvoll. Das ist für mich ein großes Geschenk!

Ich wünschte, dass ich diesen Kurs schon viel früher besucht hätte. Dann wäre mein Prozess zur Annahme des Lebens ohne Kind nicht so steinig gewesen. Der jetzige Kurs ist mit den damaligen Zyklusaufzeichnungen der Schulmedizin im Rahmen meiner Erstuntersuchungen nicht zu vergleichen. Die Beobachtung des Zervixschleims fehlte völlig, ebenso eine einfühlsame Gesprächsbegleitung. Für meine nochmaligen Untersuchungen wechselte ich damals zu der Ärztin, bei der ich bis heute bin. Dort fühle ich mich gut aufgehoben und kompetent informiert. Da aber am Anfang der zweiten Untersuchungen die Antikörper festgestellt wurden, kam das Thema der Zyklusaufzeichnungen nicht mehr auf. Erst jetzt, nach meinem langen schmerzhaften Weg, lernte ich mich als Frau durch die Zyklusaufzeichnungen schätzen. Die Jahre, in denen ich mich als junge kinderlose Frau ablehnte, überschatteten meine Weiblichkeit und meine Ehe. Um diese verlorenen Jahre trauere ich – das bleibt als Verlust. Ich lebe jetzt mit dem leeren Bauch, den Tränen, aber auch mit der Freude an meinem Frausein und den Aufgaben, die Gott mir zeigt.

Reproduktionsmedizin – eine kritische Betrachtung

Ein Vorwort

Anne-Kathrin Braun

Insemination oder ICSI? Oder gar nichts? Ist es für Christen vertretbar, die Reproduktionsmedizin in Anspruch zu nehmen, oder greifen wir da in die Schöpfung ein? Pfuschen wir Gott damit ins Handwerk? So oder ähnlich fragt sich irgendwann einmal jedes Ehepaar, das mit ungewollter Kinderlosigkeit konfrontiert ist. Die einen meinen, man könne doch alle Möglichkeiten nutzen, die die Medizin bietet. Schließlich hat Gott auch den Medizinern den Verstand gegeben, und Medizin soll ja Leben retten und heilen. Andere haben da ihre Bedenken. Für sie gibt es einen Unterschied, ob der Fruchtbarkeit auf natürlichem Wege nachgeholfen wird, oder ob eine Befruchtung künstlich und außerhalb des Mutterleibs erfolgt.

Die römisch-katholische Kirche hat in zwei Verlautbarungen ihre Meinung dazu deutlich und fundiert dargelegt: *Donum Vitae* von 1987 und *Dignitas Personae* von 2008. Obwohl auch in der evangelischen Öffentlichkeit darüber diskutiert wird, fehlen vergleichbare Dokumente. Wir haben einen evangelischen Zellbiologen gebeten, einige ethische Überlegungen zur Reproduktionsmedizin aus christlicher Sicht für uns darzustellen. Der folgende Artikel ist allen zum Lesen empfohlen, die sich fragen: Wo beginnt das Leben? Was hat Schutz des Lebens überhaupt mit uns zu tun, die wir doch ein Kind möchten?

In den ersten beiden Kapiteln stehen Betrachtungen zur Biologie und zur Frage nach dem Beginn des Lebens im Vordergrund. Diese werden anhand von Beispielen aus der modernen Reproduktionsmedizin erörtert. Im dritten Kapitel wird eine Begründung christlicher Ethik zum Lebensschutz skizziert, während im vierten und letzten Kapitel ein kurzes Resümee gezogen wird.

Nach der Befruchtung und vor dem Leben

Überlegungen zur Reproduktionsmedizin und zum Lebensschutz

Dr. Jörg Michel

Es besteht eine Spannung. Diese ist angelegt zwischen dem berechtigten Wunsch von Ehepaaren, Kinder zu bekommen und dem Ausbleiben der Erfüllung dieses Wunsches. Letzteres führt oftmals zu einem Leidensdruck. Wie weit kann dann gegangen werden, um diesem Leidensdruck abzuhelfen? Die Reproduktionsmedizin[4] steht mit modernen Techniken bereit, um Eizellen zu befruchten und sie der hoffnungsvollen Frau zu implantieren. Dieser Embryo ist damit, vor seiner Einführung in den menschlichen Körper *auf der Welt*. Inwieweit hat nun ein solcher Embryo, und wenn ja, ab wann, einen schutzpflichtigen Eigenanspruch, der zu berücksichtigen sein wird? Wenn der Embryo schützenswert ist, kann dieser dann zweckhaft benutzt werden, um Wünsche, die über dem bzw. außerhalb des Embryos stehen, zu befriedigen? Anders gefragt: Kann der Wunsch nach einem Kind seine „Produktion" rechtfertigen?

Die Frage nach der Schutzwürdigkeit der frühesten und frühen Embryonalstadien im menschlichen Werden steht mit im Zentrum der ethischen Diskussion über Stammzellen, in-vitro-Fertilisationstechniken (IVF) und Präimplantationsdiagnostik (PID). Während sich durch neuere Entwicklungen die Verwendung humaner embryonaler Stammzellen für eine „Stammzelltherapie" wahrscheinlich bald erübrigt haben wird, bleibt bei Überlegungen zu IVF und PID die Frage nach dem Lebensbeginn und die damit verbundene Schutzwürdigkeit eben dieses Lebens weiter bestehen.

Ein kurzer Abriss der embryonalen Entwicklung des Menschen soll helfen, einige biologische Grundlagen kennenzulernen. Diese mögen zum Verständnis des Beginns des Lebens beitragen. Zu bedenken ist, dass die Biologie als Naturwissenschaft aus sich heraus keine verbindlichen ethischen Aussagen zu rechten Handlungsweisen machen kann. Die Erkenntnisse einer Naturwissenschaft, hier der Biologie, können jedoch in ethische Denksysteme eingebunden werden und dort den ethischen Diskurs bereichern.

---

[4] Fachtermini sind im angehängten Glossar (Seite 148) erläutert

1.1. Überblick über das Werden des menschlichen Lebens

Die Befruchtung erfolgt im Eileiter. Bereits eine Sekunde nach der Befruchtung der Eizelle durch ein einziges Spermium beginnt die Eizelle mit spezifischen Reaktionen, die die Befruchtung mit mehr als einem Spermium ausschließen (Akrosomenreaktion). Es befinden sich nun der Zellkern des Spermiums und der Zellkern der Eizelle innerhalb dieser Eizelle. Das Stadium vor dem Verschmelzen beider Kerne wird als „Vorkernstadium" bezeichnet. Erst mit dem Verschmelzen beider Kerne spricht man von einer Zygote bzw. einem Embryo. Weitere Prozesse folgen, und nach ca. 90 Min. setzt die erste Zellteilung ein. Beim Eintritt in den Uterus, drei bis vier Tage nach der Befruchtung, ist eine vielzellige Zellkugel entstanden (die Morula). Diese entwickelt sich in der ersten Woche weiter zu einer Hohlkugel (Blastocyste), mit einer innen liegenden Zellmasse: dies sind die embryonalen Stammzellen. Diese Hohlkugel nistet sich in weiteren fünf Tagen in die Gebärmutterschleimhaut ein. Dabei beginnen eine massive Umordnung der Zellen und die anfängliche Ausbildung von Körperstrukturen. Während der Einnistung versenkt sich die sich entwickelnde Hohlkugel in die Gebärmutterschleimhaut. Es sind nun ca. 14 Tage vergangen. Gegen Ende der achten Woche sind alle wichtigen Körperstrukturen eines erwachsenen Menschen bereits angelegt. Ab dieser Phase wird der Embryo als Fetus bezeichnet.

Für die hier angestellten Betrachtungen zum Lebensbeginn und den IVF-Techniken ist der Überblick über die ersten zwei Wochen der Embryonalentwicklung ausreichend.

1.2. Unterschiedliche Setzung des Beginns des Lebens aus wissenschaftlicher Sicht

Der Zeitpunkt des Beginns des menschlichen Lebens ist aus wissenschaftlicher Sicht nicht eindeutig definiert. Als mögliche Zeitpunkte werden in der biologischen Diskussion sehr häufig die Befruchtung, die Kernverschmelzung, die Einnistung in die Gebärmutterschleimhaut (ca. 14. Tag) und die Entwicklung der Organe, besonders des Nervensystems (12. Woche) genannt.

Um die Frage nach dem Beginn des Lebens näher einzugrenzen, mag die Frage hilfreich sein, welche biologischen Gründe es gibt, den Entstehungszeitpunkt *nicht* gleich am Anfang festzusetzen.

So ist die Aussage, dass der Embryo den Beginn nicht hinreichend definiert, indem „zwar jeder geborene Mensch einmal eine befruchtete

Eizelle war, [aber] sich jedoch nicht jede befruchtete Eizelle zu einem Menschen [entwickelt]" für sich genommen nicht falsch[5], jedoch in einer Diskussion über den Beginn des Lebens nicht angebracht. Ohne den aus der befruchteten Eizelle entstandenen Menschen ist diese retrospektive Betrachtung schlicht unmöglich[6].

Der Annahme, dass im Stadium des Embryos der Mensch in zu hohem Maße durch seine Gene definiert wird, ist entgegenzuhalten, dass schon die Organisations*struktur* des Genoms in Spermium und Eizelle ebenso wichtig ist, wie die energieliefernden Komponenten innerhalb der beteiligten Zellen. Dazu sind die sekundenschnell nach der Befruchtung auftretenden und lang anhaltenden Änderungen in den Stoffwechselleistungen der befruchteten Eizelle weder vom Spermium noch von der Eizelle allein zu bewerkstelligen[7]. Dazu kommt: Selbst eine zeitweise Dominanz seiner genetischen Ausstattung ändert nichts an der Menschenwürde eben dieses werdenden Menschen, der sich von seinem Genom nie ganz befreien kann.

Auch der Weg der befruchteten Eizelle bis hin zu ihrer Einnistung in die Gebärmutterschleimhaut ist unter verschiedenen Gesichtspunkten betrachtbar: Auf diesem Weg bedarf es vielerlei existentieller Wechselwirkungen des Embryos mit Botenstoffen, mit der Gebärmutter selbst, mit Nährstoffen und weiteren vielfältigen, überaus komplexen Wechselwirkungen von Stoffwechselprodukten, um die Embryonalentwicklung zu durchlaufen und zu überstehen. Die Gebärmutter wird für die Entwicklung des Embryos zweifelsohne dringend gebraucht. Der Embryo benötigt eine Umgebung, die Versorgung und Entwicklung ermöglicht. Der Embryo, ganz allein für sich betrachtet, ist nicht *über*lebensfähig. Die vielfältigen biochemischen Wechselwirkungen können aber auch als Schutzmechanismen des werdenden Menschen beschrieben werden, die zur eigentlichen Embryonalentwicklung gehören und damit auch ein Teil der Lebensäußerungen des Embryos sind. In anderen Worten: Der Embryo ist selbst aktiv, seine Entwicklung ist zielgerichtet. Er kann also nicht als reiner Zellhaufen beschrieben werden, dessen Zukunft allenfalls von zufälligen Ereignissen und Erscheinungen geprägt werden kann.

Die Entstehung des Menschen ist ein Prozess, ein Ablauf. Er beginnt mit der Befruchtung der Eizelle durch ein Spermium, und führt, über das

---

5 Geschätzte bis zu 50% der Zygoten erreichen nicht die Gebärmutterschleimhaut und gehen auf natürlichem Wege verloren.

6 Contra Körtner in: Ders., Lasset uns Menschen machen, München, 2005, 1. Aufl., S. 111f.

7 Contra Ganten in: Ders. Vortrag beim Kongress der EKD, „Zum Bild Gottes geschaffen. Bioethik in evangelischer Perspektive". Berlin , 29. Januar 2002.

Vorkernstadium, zur Bildung des Embryos. Doch die Entstehung des Lebens geht immer und nur und ausschließlich über *den Embryo.*

Der Embryo ist aktiv darauf ausgerichtet, sich in der Gebärmutterschleimhaut einzunisten und er ist auf die Geburt hin angelegt. Innerhalb dieser Abhandlung wird der Beginn des menschlichen Lebens mit dem Zeitpunkt der Befruchtung der Eizelle gleichgesetzt. Dieses Stadium ist der nicht hintergehbare Beginn der Lebensentstehung.

Diese Beispiele sollen hier genügen. Es stellt sich die Frage, ob sich Medizin und Wissenschaft dieser Herausforderung der ethischen Würdigung des frühesten Lebensbeginns in der Praxis stellen.

2. Einige Techniken, die in sogenannten Kinderwunschzentren Anwendung finden

2.1. Die Techniken: eine Auswahl

Die in-vitro-Fertilisation, also die Befruchtung außerhalb des Körpers, umfasst heute mehrere, in entsprechenden medizinischen Zentren routinemäßig angewendete Techniken. Darunter fallen die klassische in-vitro-Fertilisation (IVF), die intrazytoplasmatische Spermieninjektion (ICSI) wie auch die testikuläre Spermienextraktion mit ICSI (TESE-ICSI). Dabei bestimmt auch hier die Diagnose die Wahl der Methode.

Bei der klassischen IVF werden die Spermien nach Schnelligkeit und Mobilität selektioniert. Die Befruchtung der Eizelle geschieht spontan in der Kulturschale, also außerhalb des Körpers.

Bei gestörter Spermienmobilität, sehr geringer Anzahl der Spermien oder bei Antikörperbildung gegen Spermien findet die ICSI Anwendung. Hier wird unter mikroskopischer Kontrolle ein Spermium mittels einer hauchdünnen Nadel in eine Eizelle injiziert. Dies geschieht ebenfalls in einer Kulturschale. Werden die Spermien dabei mittels einer Hodenbiopsie gewonnen, so spricht man von einer TESE-ICSI.

Bei allen genannten Techniken können sich Zygoten bilden, die spätestens im Hohlkugel-Stadium (ca. fünf Tage nach Befruchtung) implantiert werden (Embryonentransfer).

Der „Erfolg“ dieser medizinischen Techniken, gemessen als Geburt eines (oder mehrerer Kinder) schwankt zwischen 10 und 20 %, d. h. im Durchschnitt zwischen einer und zwei Geburten, die sich aus zehn Behandlungen ergeben.

Die beschriebenen Techniken zeichnen sich dadurch aus, dass sie, im günstigen Falle, zur Geburt eines Kindes führen. Gleichwohl therapieren sie aber nicht: Die Unfruchtbarkeit der beteiligten Paare bleibt weiter bestehen. Im Gegensatz dazu gibt es Techniken, die als echte Therapien betrachtet werden können (z.B. hormonale Behandlung der Unfruchtbarkeit aufgrund ungenügender Spermienbildung bzw. zur Freisetzung reifer Eizellen, chirurgische Behandlung der Endometriose, Öffnung der Eileiter oder Wiederherstellung ihrer Durchlässigkeit). Diese sind von der IVF zu unterscheiden. Diese Behandlungen ermöglichen ein natürliches Entstehen eines Embryos und stehen von daher nicht im Fokus der hier angestellten Betrachtungen. Sie geben Anlass zur Überlegung, dass nicht alle Techniken deswegen abzulehnen sind, weil sie „künstlich" sind. Sie können durchaus ein Zeichen der hohen Entwicklungsstufe der Heil*kunst* sein.

2.2. Das Schicksal der Embryonen

Generell werden bei den Methoden der IVF der Frau nach hormoneller Behandlung mehr als eine Eizelle entnommen. Diese werden dann, außerhalb ihrer natürlichen Umgebung, mit den Spermien versetzt. Unabhängig von den verwendeten Techniken entstehen daraufhin Embryonen. Bis zu drei dieser Embryonen werden in Deutschland der eizellspendenden Frau wieder implantiert. Nach deutscher Rechtsprechung müssen alle im Reagenzglas gezeugten Embryonen in die Gebärmutter übertragen werden. Das sind meist zwei oder drei Embryonen. Es dürfen nicht mehr als drei Embryonen implantiert werden, um durch eine Mehrlingsschwangerschaft die Gesundheit der Mutter nicht zu gefährden[8].

Um bis zu drei dieser Embryonen zu implantieren, ist es gemeinhin nötig, mehr als diese drei entstehen zu lassen, da sich auch in der Kulturschale nicht jeder Ansatz Eizelle plus Spermien erfolgreich zu einem Embryo entwickelt. Mit anderen Worten: Es entsteht routinemäßig ein Überschuss an Embryonen, die nicht implantiert werden können. Embryonen dürfen nach dem Gesetz zum Schutz der Embryonen jedoch nur in Notfällen bei sehr tiefen Temperaturen eingefroren werden[9].

Erlaubt ist hingegen das Einlagern der sogenannten „Vorkernstadien". Diese werden ebenfalls bei sehr tiefen Temperaturen eingefroren. „Überschüssige" Vorkernstadien und ggf. Embryonen ruhen bei diesen tiefen Temperaturen. Sie können in späteren Behandlungen der eizellspendenden Mutter implantiert werden (Kryotransfer). Kryot-

[8] Vgl. § 1 Abs. 4 EschG.
[9] Vgl. Gesetz zum Schutz von Embryonen, EschG § 8.

ransfers werden routinemäßig angeboten mit dem Argument, dass der werdenden Mutter nur einmal (eine möglichst große Zahl von) Eizellen entnommen werden müssen und weitere, für die Frau mitunter sehr belastende hormonelle Behandlungen unterbleiben können. Ob deswegen dann später ein Kryotransfer durchgeführt wird, ist damit keineswegs sichergestellt. Auch der „Erfolg" eines Kryotransfers, also die Geburt eines Kindes, ist nicht garantiert und entspricht dem der IVF.

Die Problematik der „überschüssigen" und eingelagerten Embryonen ist hier im Keim angelegt. So führen die angewandten IVF-Techniken regelmäßig zu einem Überschuss von Embryonen[10], die bei sehr tiefen Temperaturen gelagert werden. Ohne einen Transfer in die eizellspendende Frau haben sie keine Chancen, weitere Entwicklungszustände zu durchlaufen. Ist der Embryo Mensch und damit als Person mit Menschenwürde ausgestattet, so stellt sich die Frage, was mit dieser Würde im Stadium des dauerhaften Eingefrorenseins geschieht.

Darüber hinaus entsteht durch die IVF-Praxis eine Grauzone von Möglichkeiten, die im Folgenden kurz betrachtet werden soll.

2.3. Aktuelle Probleme

2.3.1. Fetozid aufgrund Mehrlingsschwangerschaft

Im Rahmen der verschiedenen IVF-Techniken entstehen komplexe Situationen, die schwierig zu beurteilen sind, dazu neigen, unübersichtlich zu sein, ethisch kompliziert sind und leicht mit den gesetzlichen Grundlagen kollidieren können. Hier sollen zwei Beispiele aus Deutschland betrachtet werden[11].

Die Folgen der modernen Reproduktionsmedizin können gewagt sein: So treten nach Behandlung der weiblichen Sterilität mittels hochdosierter hormonaler Stimulierung zur Erzielung einer Spontan-Schwangerschaft, intrauterinem oder intratubarem Transfer von vier oder mehr in vitro erzeugten Embryonen oder intratubarem Gametentransfer mit vier und mehr Eizellen immer häufiger Mehrlingsschwangerschaften auf. Sollte diese Mehrlingsschwangerschaft die Mutter in gesundheitliche Gefahren bringen, so wird niemand zögern, die Anzahl der Embryonen zu reduzieren (Mehrlingsreduktion durch Fetozid: die gezielte Tötung eines Embryos im Mutterleib). Hier wird das extrakorporal erzeugte Leben im Körper der Mutter wieder beendet. Im November

[10] Zur Vermeidung dieses Überschusses siehe auch Kapitel 2.3.1: NC-IVF/ISCI

[11] Die unterschiedliche Gesetzgebung anderer Nationen kann hier nicht berücksichtigt werden.

2011 hat bei einer selektiven Abtreibung ein Krankenhaus in Australien die ungeborenen Zwillinge verwechselt und damit einen gesunden Fötus getötet. Im Zuge eines langwierigen Kaiserschnitts mussten sie dann noch den zweiten kranken Fötus entfernen[12]. Eine ethisch hochfragwürdige Gegebenheit[13].

Diese Konstellation entspricht keinesfalls auch nur halbwegs zivilisierten ethischen Grundsätzen; schon gar nicht den Grundsätzen ärztlichen Handelns. Die Bundesärztekammer empfiehlt daher als Strategie die Vermeidung dieser Mehrlingsschwangerschaften z.B. durch Änderungen oder den Abbruch der Therapie. Gleichzeitig weist sie darauf hin, dass die Behandlungschancen einer IVF mit einem Embryonentransfer durch die Implantation mehrerer befruchteter Zygoten pro Behandlungszyklus deutlich ansteigen.

Mehrlingsschwangerschaften sind also zur Zeit ein einkalkuliertes Risiko der IVF. Nach Angaben von Prof. Felberbaum, dem ehemaligem Vorsitzenden des Deutschen IVF-Registers, wurden im Jahre 2004 in Deutschland 222 Embryonen, die nach IVF oder ICSI gezeugt wurden, später im Mutterleib abgetötet[14]. Zur Beurteilung dieser Fetozide sollten auch außer-medizinische Gründe in Betracht gezogen werden: Durch das Gesundheitsmodernisierungsgesetz von 2004 tragen die Paare einen erheblichen Teil der Behandlungskosten selbst. Ist unter diesen Bedingungen einer großen finanziellen Belastung nur eine (weitere) Behandlung möglich, so sind die Beteiligten u. U. bereit, ein größeres Risiko einzugehen. Daraus kann die Bereitschaft entstehen, sich für die Erhöhung der Erfolgsquote mehr als zwei Embryonen implantieren zu lassen, um schwanger zu werden, was wiederum die Chance auf Mehrlingsschwangerschaften erhöht.

Um den Überschuss an Embryonen zu vermeiden, wird seit wenigen Jahren eine IVF ohne Hormonbehandlung angeboten, die sog. Natural Cycle IVF (NC-IVF/ISCI). Hier wird auf die Hormonbehandlung verzichtet und kurz vor dem Eisprung ein Follikel abgesaugt und die Eizelle einer Befruchtung per IVF und ICSI zugeführt. Dieser eine Embryo wird implantiert. Diese Methode verhindert den Stress der hormonellen Behandlung, ist kostengünstiger und verhindert multiple Schwangerschaften.

Die Nachteile bestehen darin, dass durch den Verzicht auf hormonelle Behandlung der dann natürlich einsetzende Eisprung die geplante Entnahme des Eis verhindern kann. Die Wahrscheinlichkeit, durch

12 Frankfurter Allgemeine Zeitung, 24.11.2011

13 Diese Vorgehensweise wird auch als „ein schweres sittliches Vergehen“ charakterisiert. Vgl. Dignitas Personae, Libreria Editrice Vaticana, Vatican, Bonn, 2008, S. 29.

14 Vgl. Die Ärztezeitung, 11. Juli 2007.

das Einsetzen eines einzigen Embryos erfolgreich ein Kind zur Welt zu bringen, verringert den Erfolg dieser Methode nochmals. Es müssen im Durchschnitt mehrere dieser Eingriffe durchgeführt werden, um auf eine Erfolgsquote analog der IVF oder ISCI zu kommen, was sich wiederum steigernd auf die Behandlungskosten auswirkt. Doch selbst wenn die Zukunft deutliche Kostenreduktion bringen sollte, entsteht bei der NC-IVF/ISCI ebenso ein Embryo außerhalb des Körpers, dessen rechtliche und moralische Belange ebenso *in der Welt* sind.

2.3.2. Unerwünschte Embryonen

Der Bundestag beschloss vor der Sommerpause 2011 ein neues „Gesetz zur Präimplantationsdiagnostik" (PräimpG). Nach diesem Gesetz ist eine solche Präimplantationsdiagnostik (PID) zulässig, wenn die Nachkommen eines Paares „eine hohe Wahrscheinlichkeit für eine schwerwiegende Erbkrankheit" haben oder eine genetische Schädigung bzw. eine Abweichung in den Chromosomen dazu führen würde, dass die Schwangerschaft mit einer Fehl- oder Totgeburt endet. In der Praxis soll das so aussehen: Bevor der Gentest am Embryo gemacht werden darf, müssen sich die Frau oder das Paar fachlich beraten lassen. Dann muss eine interdisziplinär zusammengesetzte Ethikkommission an einem (noch zu berufenen) zugelassenen Zentrum für PID über den Einzelfall entscheiden, also abwägen, ob es sich um eine schwerwiegende Erbkrankheit handelt. Stimmt die Kommission zu, darf ein qualifizierter Arzt an einem solchen Zentrum die grundsätzlich durch künstliche Befruchtung gezeugten Embryos genetisch untersuchen. Nur ein „gesunder" Embryo wird der Frau in die Gebärmutter eingesetzt. Alle Embryonen mit unerwünschten Merkmalen werden verworfen, d.h. sie sterben. Hier finden sich gleich mehrere tiefgründige ethische Konfliktfelder: wer beruft eine Ethikkommission, und wie kann sich der Bürger gegen die Entscheidung einer solchen Kommission rechtsstaatlich wehren? Hinzu kommt die Frage, wer denn nun bestimmt, was „eine schwerwiegende Erbkrankheit" ist? Hier hat sich der Gesetzgeber seiner Verantwortung entledigt und diese auf die Ethikkommissionen abgewälzt. Auch hier stellt sich die Frage, wer eine Ethikkommission kontrolliert.

Anhand dieser wenigen Beispiele wird deutlich, wie entscheidend die Überlegungen zum Lebensbeginn sind. Ab wann beginnt das Leben, und mit welchem Schutz ist es versehen? Und was sind mögliche Folgen einer solchen Überlegung bzw. ihrer Umsetzung?

Wenn, wie hier, der Beginn des Lebens mit der Befruchtung gleichgesetzt wird, müsste ein absoluter Lebensschutz auch diese Embryonen mit einbeziehen, und die genannten Fälle wären äußerst kritisch zu betrachten. Im Rahmen dieser Abhandlung kann auf die Diskussion um den Schwangerschaftsabbruch nach §218 StGB nicht eingegangen werden[15]. Hier sollen vielmehr Aspekte im Vordergrund stehen, die ungewollt kinderlose Paare erwägen könnten, sollten sie sich zu einer Behandlung entschließen, die IVF-Techniken mit einbezieht. Welche Orientierung gibt es hier, an die ein „richtiges bzw. rechtes Handeln" angelehnt werden kann, das sich an einem größtmöglichen Lebensschutz orientieren möchte?

3. Grundlegung zu den ethischen Überlegungen

3.1. Vorbemerkung

Die hier erörterten Gesichtspunkte erheben keinen Anspruch auf Vollständigkeit. Sie stehen auch nicht für den einzigen rechten Weg des christlichen Denkens und Handelns. Sie sind vielmehr als Denkanstöße gedacht und haben ihre Wurzeln in der wohl begründeten Ansicht, dass mit der Befruchtung der Eizelle das Leben des Menschen unhintergehbar beginnt.

Das „erste ethische Problem" ist grundsätzlich die Bestimmung des Ausgangspunktes. Dabei gilt es zu überlegen, ob zuerst und hauptsächlich die Folgen des Handelns betrachtet werden und diese, möglichst wohl überlegt, gegeneinander abgewogen werden. Oder ob es Leitlinien gibt, die schon vor dem eigentlichen Handeln vorgegeben sind und unter denen das Handeln einzuordnen wäre. Einfach trennbar sind diese beiden unterschiedlichen Vorgehensweisen nicht. Es geht hier vielmehr um die Gewichtung. Darum, welcher Orientierung der Vorzug gegeben wird und damit, auf welche Grundüberlegungen zur Ethik sich berufen wird. In aller Kürze und Einfachheit soll das hier im Folgenden skizziert werden.

Ethik ist die Philosophie der Moral. Ethik ist damit die Grundlage, die Begründung bzw. die Theorie der Moral. Das heißt, sich zu überlegen, warum sich welche Sitten gebühren. Diese Entscheidung ist einer handelnden Person nicht abnehmbar. Diese Person vermag sich durchaus vorhandenen Meinungen anzuschließen oder „blind" einem Vorgegebenen zu folgen (was nicht zwingend „unmoralisch" sein muss). Doch

[15] Es sei jedoch angemerkt, dass das Bundesverfassungsgericht (BVG) die Straffreiheit des Schwangerschaftsabbruchs nicht mit der fehlenden Würde oder des niederrangigen Schutzes des Embryos begründet hat. Das BVG argumentiert vielmehr, dass in bedrohlichen Konfliktsituationen das Töten von Leben zugunsten des Lebenserhalts anderen Lebens straffrei bleibt (sog. Notwehr).

selbst das Treffen auch einer solchen Entscheidungen muss zwangsläufig selbst durchgeführt werden. Die Frage, welcher Gewichtung Raum gegeben wird bzw. was sich gebührt, ist nicht auf andere Personen übertragbar.

Es ist dieses „gebühren“, was die Diskussion sehr stark erweitern kann. Dieses „gebühren“ wird hier *zurückgebunden* (lat. *religare*). Es wird hier *zurückgebunden*, festgemacht an das Wort Gottes, des Schöpfers von Himmel und Erde. Und damit sind – erst einmal – Leitlinien gültig. Es ist eine Binsenweisheit, dass die Diskussion um Inhalt und Reichweite dieser Leitlinien einen weiteren großen Raum einnimmt. Und in genau diesen Raum wollen wir eintreten.

Die hier vorliegenden Erörterungen zur Ethik, genauer zu Überlegungen der rechten, also richtigen Handlungsweisen, die sich im moralischen, also sittlichen Rahmen abspielen sollen, sind von Anfang an geprägt. Sie sind aus christlicher Perspektive verfasst. D. h., sie haben ein biblisches Menschenbild im Blick, das sich seiner Geschaffenheit durch den dreieinen Gott bewusst ist. Mit dem frohen Wundern über die Schöpfung Gottes geht das Wissen über das Fragmentarische des Lebens, die Begrenztheit des Menschen und seine Hoffnung auf Erlösung einher. Der Orientierung an Gottes Offenbarung stehen Anforderungen der postmodernen Gesellschaft gegenüber, in der das biblische Menschenbild kaum Platz zu haben scheint.

Vielfach existiert der Wunsch, innezuhalten statt dem „Geht nicht, gibt's nicht“ nachzugehen; vielfach wird nach Haltepunkten gesucht in einer Zeit, die durch eine ungewöhnlich hohe Dynamik gekennzeichnet ist.

3.2. Herausforderungen der heutigen Zeit

Die ethischen Konfliktfelder heutzutage mögen nicht weniger zahlreich sein, als in vergangenen Zeiten. Sie unterscheiden sich aber – zumindest teilweise – in ihren Inhalten. Während Fragen der Bruderliebe und -fürsorge so alt sein werden, wie es Brüder gibt, so sind die Methoden und Anwendungen der modernen Lebenswissenschaften, der Biologie, der Medizin, der Biotechnologie, moderne Anfragen an das rechte und gute Handeln.

Was kann eine christliche Ethik zu diesen modernen Anfragen sagen? Welche Leitlinien sind belastbar, die im Gegenüber der sich rasend schnell entwickelnden modernen Technologien eine solide Grundlage der Beurteilung der rechten Handlungsweisen bieten, die einen größtmöglichen Lebensschutz erreichen wollen?

3.3. „Es ist dir gesagt, Mensch, was gut ist...“

Es ist ein Unterschied, wenn wir *heute* lesen, wie vor langer Zeit Gottes auserwähltes Volk sich zu seinem Gott verhalten hat; es ist ca. 2000 Jahre her, wenn wir nachvollziehen, wie Jesus mit seinen Jüngern durch Galiläa gezogen ist. Die Zeiten und die Umstände unterscheiden sich von unseren heutigen Bedingungen. Doch das Verhältnis, das wir im Glauben an den biblisch bezeugten Gott einnehmen, vereint die Christen aller Zeiten.

Wenn wir im Akt des Glaubens die Heilige Schrift als Wort Gottes annehmen, so geschieht dies in einem verbindlichen Charakter. Das Angenommene hat dann normativen Wert. D. h., es ist gültig und besitzt die Kraft, Leitlinie sein zu können. „Es ist dir gesagt, Mensch, was gut ist und was der HERR von dir fordert, nämlich Gottes Wort halten und Liebe üben und demütig sein vor deinem Gott.“ (Micha 6, 8). Für Christen ist die Offenbarung Gottes in Jesus Christus der Grund, die Ursache, die es ihnen ermöglicht, Gottes Willen zu tun. Nachfolge Christi heißt in einem ethischen Zusammenhang auch, den Willen Gottes zu tun, wie er in dem gesamten Handeln Christi offenbart wurde.

Nach der biblischen Überzeugung ereignet sich menschliches Leben vor und mit Gott. Diese Bezogenheit ist dann allgemein gültig. D. h., es gibt keinen Bereich, der davon ausgenommen wäre. Damit vollzieht sich christliche Ethik vor Gott und kann zur Sprache und zur Tat gebracht werden. Sie bezeugt damit das, was ihr vorher von Gott in seiner Offenbarung gegeben wurde.[16]

3.4. Welche dieser Offenbarungen können für die Überlegungen zum Kinderwunsch bedeutend sein?

„Durch den Glauben erkennen wir, dass die Welt durch Gottes Wort geschaffen ist, sodass alles, was man sieht, aus nichts geworden ist.“ (Hebr. 3, 11). Der Mensch ist also Geschöpf; nicht allein, aber doch ein ganz Besonderes. „Was ist der Mensch, dass du seiner gedenkst, und des Menschen Kind, dass du dich seiner annimmst? Du hast ihn wenig niedriger gemacht als Gott, mit Ehre und Herrlichkeit hast du ihn gekrönt.“ (Ps. 8, 5f)

Die Sonderstellung des Menschen ergibt sich nicht aus seinem Tun, seinem Lassen bzw. seinen Werken und Gedanken. Der Beter des achten

[16] Vgl. Berlejung und Frevel (Hrsg.), Handbuch theologischer Grundbegriffe zum Alten und Neuen Testament, Darmstadt 2006, S. 12ff.

Psalms weiß um seine Vergänglichkeit und von seinem fortwährenden Schuldigwerden.[17] Der Mensch und seine Kinder sind durch ihre Geschöpflichkeit, ihr Gewollt-sein durch und von Gott her besonders hervorgehoben. Diese besondere Bewegung Gottes auf den Menschen hin, *Seine* Zuneigung ist es, die den Menschen mit Ehre und Herrlichkeit krönt. „Es ist der majestätische Gott, der um jeden einzelnen Menschen weiß, der jedem einzelnen seine besondere Zuwendung und die Würde der Gottähnlichkeit schenkt".[18]

Zusammengefasst kann gesagt werden, dass das Heilshandeln Gottes der Ausgangspunkt für die Schöpfung und das Schöpferlob ist[19]. Die Schöpfung ist damit selbst Teil des Heilshandelns Gottes. Im Alten Testament dient der Schöpfungsglaube der Stärkung und Vertiefung der Heilserfahrung Israels. Es ist ein Bekenntnis zu Gott, *dem* Schöpfer. Die Schöpfung existiert nicht unter oder über Gott; sie existiert vor Gott.

Somit ruht und gründet das Geheimnis des Menschen in Gott, in Seinem Geheimnis und Seiner Offenbarung. Doch geht damit ein Auftrag einher? Reicht alleine die Krönung durch den allmächtigen und barmherzigen Gott aus, um zu wissen, welches Handeln im Sinne eines umfassenden Lebensschutzes unter modernen Bedingungen das rechte ist?

3.4.1. Stellvertretung als Auftrag

Die Gottähnlichkeit des Menschen wird nicht nur im Psalter bezeugt[20]. „Und Gott schuf den Menschen zu seinem Bilde, zum Bilde Gottes schuf er ihn; und schuf sie als Mann und Frau." (1. Mose 1, 27). In der Schöpfungsgeschichte werden Frau und Mann als Geschöpfe dargestellt, die dem Bilde Gottes gleichen (*imago dei*).

Imago dei meint nun nicht eine Ähnlichkeit aufgrund äußerer Besonderheiten. Es geht hier um die Möglichkeiten des Menschen, die ihn

---

17 Vgl. Zenger, Psalmen – Auslegungen, Bd. 1, Mit meinem Gott überspringe ich Mauern, Breisgau, 2003, 3. Aufl., S. 205f.

18 ebd.

19 Vgl. Joest, Dogmatik, Die Wirklichkeit Gottes, Bd. 1, Göttingen, 1995, 4. Aufl., S. 166.

20 Im Psalter finden sich etliche Heilserfahrungen und Schöpferlobpreisungen: der Mensch als Geschöpf Gottes (Ps. 8), die Herrlichkeit Gottes in seiner Schöpfung und in seinem Gesetz (Ps. 19), Gott, der Schöpfer, der auch Richter ist (Ps. 96), Lob des Schöpfers (Ps. 104), Gottes Wunder in seiner Schöpfung und in der Geschichte Israels (Ps. 136) und auch eine biographische Deutung des Menschen als Geschöpf (Ps. 139,13). Weitere Stellen finden sich in Jes. 40-45 (Heilserfahrung und Schöpfung: Die Schöpfung wird als gegenwärtig erlebte Schöpfung beschrieben), 5. Mose 26, 5ff („Das kleine geschichtliche Credo": Der Genuss der Schöpfung wird eingebunden in das Herausführen aus Ägypten), Hiob 38-41 (Betonung des Unterschiedes Schöpfer und Geschöpf. Darstellung der übergroßen Macht des Schöpfers; auch gegenüber dem Geschöpf, das Schranken hat und in diese gewiesen wird. Der Mensch wird auf seinen Platz gegenüber dem Schöpfer gewiesen). Stellen zum Neuen Testament siehe unter 4. Schlussbetrachtungen.

befähigen, auf Gott zu antworten. Der Mensch steht Gott gegenüber als der von ihm Angeredete. Und als solcher ist er befähigt, Gottes Willen zu tun und damit seine Gott gemäße Antwort zu finden. Und diese Antwort, sei sie als Wort oder Tat gegeben, wird Folgen haben. *Imago dei* bedeutet also auch eine Stellvertreterschaft des handelnden (oder nicht handelnden) Menschen inmitten Gottes Schöpfung. Diese Stellvertretung ist seine Herrschaft über die Erde (nach 1. Mose 1, 28 wie auch 3, 23). Sie soll und darf nicht in Ausbeutung münden; sie orientiert sich vielmehr daran, das Werk des Schöpfers innerhalb menschlicher Möglichkeiten fortzusetzen (siehe insbesondere auch 1. Mose 5, 3!). Vor diese Aufgabe sieht sich der Mensch gestellt; genauer: nicht der „Mensch an sich", sondern explizit die sich ergänzenden, zusammen stehenden und als solche betonten Wesen: Mann und Frau (1. Mose 1, 27).

„Gott hat dem Menschen die Fähigkeit verliehen, ‚seinesgleichen' hervorzubringen und damit das Werk des Schöpfers fortzusetzen, der den Menschen als ‚seinesgleichen' erschuf (vgl. 1. Mose 1, 27). Jeder Mensch, nicht nur der erste, trägt Gottes Bild."[21]

3.4.2. Auftrag zur Lebensdienlichkeit

„Das Geheimnis des Menschen gründet darin, dass Gott allen (!) Menschen die Fähigkeit und die Aufgabe zutraut, wie Gott und wie ein guter König[22] die Erde als Lebensraum zu schützen und als Ort heilvollen Zusammenlebens zu gestalten."[23]

Als Gottes Geschöpf, als *imago dei*, ist der Mensch mit einem Auftrag versehen. Dieser Auftrag wird prägnant beschrieben im Doppelgebot der Liebe (Mt. 22, 37ff; Röm. 13, 8-10 sowie im 3. Mose 19, 18): „Du sollst den Herrn, deinen Gott, lieben von ganzem Herzen, von ganzer Seele und von ganzem Gemüt. Dies ist das höchste und größte Gebot. Das andere aber ist dem gleich: Du sollst deinen Nächsten lieben wie dich selbst." Dieser Auftrag kann und soll dem Leben dienen; sein Auftrag ist immer *lebensdienlich*. Ohne diese Lebensdienlichkeit ist er schlicht nicht erfüllbar. Diese Lebensdienlichkeit wird grundsätzlich zu berücksichtigen haben, dass der Wert des Menschen sich nicht in dem erschließt, was ein Mensch erbringt und leistet. Der Wert des Menschen liegt darin, dass er von Gott gewollt und geliebt ist. Unabhängig von seinem Vermögen, seinen Fähigkeiten und seinen Entwicklungen. Dabei bleibt alles Leben des Menschen im Fragmentarischen (Röm. 8, 19ff); es ist unvollständig. Das Inkomplette, das Unvollständige wird vollen-

21 Stuttgarter Erklärungsbibel, Neuausgabe mit Apokryphen, Stuttgart, 2005, S. 16.
22 Hier gemeint im Sinne eines Hirten.
23 Vgl. Ps. 8, 7-9 in: Zenger, a.a.O., S. 208; Hervorhebung im Original.

det werden im Reich Gottes, im Sein bei Gott. Anders ausgedrückt: Der Mensch vollendet und erlöst sich nicht selbst.

Es stellt sich jedoch in unserem Zusammenhang die Frage, ob diese spezielle Annahme des Menschen durch Gott ganz und gar gilt und als solche dem Menschen und „des Menschen Kind“ von Anfang an zuerkannt wird oder ob eine Abstufung möglich ist. Anders formuliert: Besitzt der Auftrag zur Lebensdienlichkeit eine Begrenzung hinsichtlich seiner Gültigkeit innerhalb der menschlichen Lebensspanne oder muss er allumfassend und damit größtmöglichen Schutz bietend verstanden werden?

3.5. Die Bedeutung für den Schutz des Lebens

„Die Würde des Menschen ist unantastbar.“ Der erste Artikel des deutschen Grundgesetzes sieht den Menschen vor dem christlichen Hintergrund.[24] Das bedeutet auch, dass die Menschenwürde unaufgebbar mit dem gesamten Leben des Menschen verbunden ist. Leben und Menschenwürde sind nicht trennbar. Die Menschenwürde kann nie verloren, wohl aber verletzt werden.

Die Idee einer abgestuften Schutzwürdigkeit des Lebens beinhaltet den Gedanken, dass es Stadien menschlichen Lebens gibt, denen etwas zur Vollständigkeit der Existenz fehlt. Dies ist schwerlich mit dem Auftrag zur Lebensdienlichkeit zu verbinden. Der Mensch, als Geschöpf Gottes, ist sprichwörtlich „mit Leib und Seele“ das Werk seines Schöpfers. Seine irdische Personalität ist von seinem irdischen Leib nicht zu trennen, „die ganze Leiblichkeit ist Träger der Gottebenbildlichkeit“.[25]

Für die Frage nach dem Beginn des Lebens ist der Umstand von Bedeutung, dass der Embryo sich von Anfang an *als* Mensch entwickelt. Er ist nie etwas anderes; es gibt keine Entwicklung hin *zum* Menschen. Das Leben des Menschen befindet sich grundsätzlich in Entwicklung. Es ist also dynamisch. In einer Definition des geistlichen christlichen Seins formulierte M. Luther dies so: „Dieses Leben ist nicht ein Frommsein, sondern ein Fromm*werden*, nicht ein Gesundsein, sondern ein Gesund*werden, überhaupt nicht ein Sein, sondern ein Werden* [...]“[26] Ebenso wie das geistliche Leben ist das physiologische, leibliche Leben nichts

[24] Dies wird im ersten Satz der Präambel des Grundgesetzes deutlich („Im Bewusstsein seiner Verantwortung vor Gott und den Menschen [...]“).

[25] Eibach, Gentechnik und Embryonenforschung, Wuppertal, 2002, 1. Aufl., S. 59.

[26] Und weiter: „[...] nicht eine Ruhe, sondern eine Übung. Wir sind noch nicht, wir werdens aber. Es ist noch nicht getan und geschehen, es ist aber im Gange und Schwange. Es ist nicht das Ende, es ist aber der Weg. Es glühet und glänzt noch nicht alles, es bessert sich aber alles.“ (WA 7, 336, 31-36)

anderes als Entwicklung. Es entspricht einem Prozess: dem des Werdens, vom Anfang bis zum Ende. In diesem Werden hat der Mensch seine Identität und seine Würde. Diese bleibt ihm, unabhängig, ob er zu allen Lebensäußerungen fähig ist oder nicht. Seine Würde und Identität ist ebenfalls unabhängig von seiner Erinnerung bzw. von seinem Bewusstsein. Sie setzt nicht erst mit zwei oder drei Lebensjahren ein, und schon gar nicht hört sie vor seinem leiblichen Tod auf. Sie geht zurück bis zum unhintergehbaren Punkt seiner leiblichen Existenz: der Verschmelzung von Ei- und Samenzelle zum Embryo.[27]

Der Embryo wie der Fetus sind nicht allein *über*lebensfähig. Sie benötigen vielerlei Wechselwirkung, Schutzraum und Zeit. Von Autonomie kann hier keine Rede sein. Und so auch später beim geborenen und wachsenden wie erwachsenen Menschen. Aus christlicher Sicht steht das Angewiesensein auf Gott und auf andere Menschen im Zentrum des menschlichen Seins. Die Wechselwirkungen, die Interaktionen zwischen den Menschen, die Entwicklungen, die vollzogen werden in der Zeit und die Möglichkeiten, sich gegenseitig Schutz und Ruhe auf dem gemeinsamen Weg zu gewährleisten, sind gelebte Wahrheiten des irdischen Seins, die nicht nur Christen dankbar erfahren.

Jede Verschiebung des Zeitpunktes der Lebensentstehung Richtung Geburt kann hinterfragt werden: Unter welchen Voraussetzungen ist sie geschehen? Welche normativen ethischen Aussagen gehen einer solchen Verlagerung voraus? Ist es möglich, dass viele menschliche, pragmatische Beweggründe genauso wie auch Forschungsinteressen an einem „leblosen“ Zeitraum vor der Geburt interessiert sind? Doch aus welchem Grund wäre dem so, und wer hat hier den Nutzen? Steht eine solche Verschiebung des Lebensbeginns unter einer christlichen Perspektive, die den Auftrag zur Lebensdienlichkeit im Blick hat?

4. Schlussbetrachtungen

Der Auftrag des Menschen, die Schöpfung zu bebauen, zu bewahren, zu erhalten und innerhalb seiner Möglichkeiten fortzusetzen, beinhaltet nicht und sicherlich nicht zwingend, den Auftrag, die Schöpfung Gottes zu verbessern (siehe auch 1. Mose 1,31).

[27] Dies vollzieht auch der Gesetzgeber nach: im „Gesetz zum Schutz von Embryonen“, EschG, 1991; im „Gesetz zur Sicherstellung des Embryonenschutzes im Zusammenhang mit Einfuhr und Verwendung menschlicher embryonaler Stammzellen, Stammzellgesetz, StzG, 2002)

Gleichwohl gilt der Auftrag Gottes, seinen Nächsten zu lieben wie sich selbst (3. Mose 19,18; Mt. 22,29 und öfter). Und damit ist auch die Frage nach dem Helfen und Heilen gestellt.

Welche Krankheiten werden mittels IVF-Techniken „geheilt“? Findet eine Therapie statt? Die Sterilität bleibt nach der Behandlung bzw. mehreren IVF-Behandlungen unverändert[28]. Wird hier nicht vielmehr ein legitimer, gut nachvollziehbarer und inniger Wunsch erfüllt? Eine Nachfrage, die mit Techniken der modernen Lebenswissenschaften befriedigt werden kann? Eine Nachfrage, die durch moderne Techniken erst ermöglicht wurde?

Durch die Ermöglichung der PID nun auch in Deutschland wird die selektive Tötung von Embryonen zulässig. Wie lässt sich dieses Handeln mit dem Verständnis des Lebensschutzes, der Unverfügbarkeit über die Würde des menschliche Leben und dem Ziel der Lebensdienlichkeit vereinbaren?

„Christliche Freiheit ist Befreiung zum Dienst am Leben und zur Achtung der Grenzen des Geschöpfseins und der Schöpfung.“[29] Dabei bedenken Christen die ins Dasein rufende schöpferische Liebe Gottes (Ps. 139,13ff; Ps. 22,11; Hiob 10,8ff; Jer. 1,5; Jes. 44,24; 49,1.5).

Ist es von daher möglich, zwischen Zeugung und Entstehung des Embryos eine Phase des Nicht-Lebendigen, des Todes zu erwarten? Es ist zweifelsohne in den Schriften des Alten und Neuen Testaments gut dokumentiert, dass Gott ein Gott des Lebens ist (Weish. 1,13-15; 2,23-24; 1. Kor. 15,55; 2. Tim. 1,10; Hebr. 2,14). Gott, der Schöpfer ist der, „...der die Toten lebendig macht und ruft das, was nicht ist, dass es sei“ (Röm. 4,17).

Es lassen sich Bedingungen definieren, die, biologisch sinnvoll, Nicht-Leben beschreiben. Doch sind diese Erkenntnisse in einem naturwissenschaftlichen Rahmen entstanden. Das heißt auch, dass sie vorläufig sind. Sie sind verhandelbar, ja sie müssen gar widerlegbar sein, um ihren eigenen naturwissenschaftlichen Kriterien zu genügen.[30] (Unabhängig davon, ob sich die Widerlegung durchsetzt – doch wer will das für die Zukunft im Voraus wissen?) Diese Definitionen werden grundsätzlich immer eine naturwissenschaftliche Basis besitzen, die weder auf einem ethischen Fundament ruhen kann, noch eine Weisung für ethische Normen zu konstituieren vermag.

---

[28] Zur Abgrenzung des Begriffes „Therapie“ siehe: Kapitel 2.1., S. 3f.

[29] Eibach, a.a.O., S. 45.

[30] Die Definition beruht auf dem kritischen Relationismus, eine der gängigsten Wissenschaftstheorien der Moderne. Wissenschaft wird als Prozess verstanden, in dem Theorien aufgestellt werden, die durch Experimente falsifizierbar (widerlegbar) sein müssen. Theorien, die dies nicht tun, sind demnach nicht wissenschaftlich. Auch der kritische Relationismus selbst wird hinterfragt und weitergeführt.

Ein weiterer Aspekt soll nicht ganz unerwähnt bleiben: durch die Verlagerung des Befruchtungsvorganges außerhalb des Körpers, in eine künstliche Umgebung, gerät der Embryo in einen anderen Seinszusammenhang. Leben und Identität des Embryos sind der Technik und dem Vermögen der modernen Biologie und Medizin untergeordnet. Der Embryo verdankt seine Entstehung einer technischen Handlung; sein Seinsgrund gerät in die Nähe der Zweckhaftigkeit oder ist gar ein bestimmter Zweck. Dies widerspricht seiner Würde: seinem Anspruch auf die Menschenwürde alleine aus dem Grund seines gottgewollten Da-Seins heraus.

Die multiplen Optionen zur Gestaltung des Lebensbeginns in der heutigen Zeit bedingen eine ernste Hinterfragung der Handlungsvoraussetzungen. Denn die Folgen haben direkte Auswirkungen auf unseren Umgang mit den Mitgeschöpfen. Auswirkungen auf die Menschen, die Gott „mit Ehre und Herrlichkeit“ gekrönt hat. Es besteht eine Spannung. Eine willkürliche Festsetzung des Lebensbeginns auf einen Zeitpunkt, der hinter dem unhintergehbaren ersten möglichen Moment liegt, lässt eine Option auf Tötung dieses Lebens zu. Und wenn wir den Anfang des Lebens den menschlichen Interessen mit den beschriebenen möglichen Folgen überlassen, wie werden wir demnächst mit dem Lebensende umgehen?

Dr. Jörg Michel ist Diplom-Biologe, hat berufsbegleitend Theologie studiert und ist Studienleiter an der Evangelischen Akademie Meißen. Er ist verheiratet, hat eine Tochter und lebt mit seiner Familie in Meißen.

Glossar

Embryo	Entwicklungsabschnitt des Menschen von der Befruchtung bis etwa zur achten Woche
Endometrium	Gebärmutterschleimhaut
extrakorporal	außerhalb des Körpers
Fetozid	gewaltsamer Tod eines Fetus
Fetus	Entwicklungsabschnitt des Menschen von der achten Woche seit Befruchtung bis zur Geburt
Gametentransfer	Überführung der Keimzellen (Ei oder Spermien) zum Zweck der Befruchtung des Eis (außerhalb des Körpers) oder das instrumentale Einbringen von Samen- und Eizellen in die Gebärmutter oder in einen Eileiter der Frau
ICSI (Intrazytoplasmatische Spermieninjektion)	Ein Spermium wird außerhalb des Körpers in den Kern einer Eizelle injiziert. Befruchtete Eizellen werden dann in die Gebärmutter eingebracht.
intratubar	im bzw. in den Eileiter
intrauterin	in die bzw. in der Gebärmutter
IUI (Intrauterine Insemination)	aufbereitete Spermien werden in die Gebärmutter eingebracht
IVF (In-vitro-Fertilisation)	Eizelle und Spermien werden in der Kulturschale miteinander versetzt
Kryokonservierung	Einlagerung von Eizellen oder befruchteten Eizellen (in sehr frühen Entwicklungsstadien) bei sehr tiefen Temperaturen (ca. -170° C)
Kryotransfer	Implantation kryokonservierter befruchteter Eizellen im Rahmen einer IVF
Nidation	Einnistung der befruchteten Eizelle in das Endometrium
Natural-Cycle-IVF	IVF in einem nicht hormonell stimulierten Zyklus (es wird nur die eine, natürlich entstandene Eizelle mit den Spermien versetzt)

Reproduktionsmedizin	Teilgebiet der Medizin, das sich mit Fortpflanzung und auftretenden Fortpflanzungsstörungen beschäftigt
Tube	Eileiter
TESE-ICSI (testikuläre Spermienextraktion mit ICSI)	Spermien werden vor ICSI mittels Hodenbiospie gewonnen.
Uterus	Gebärmutter
Zervix	Gebärmutterhals
Zygote	befruchtete Eizelle nach Verschmelzen von Spermium und Eizelle samt des kernständigen genetischen Materials

„Wer ein solches Kind aufnimmt ...“ Pflegekindschaft und Adoption aus christlicher Sicht

Michael Schwantge

Ich lerne ein Ehepaar kennen. Sie haben zwei kleine Kinder. Erst später erfahre ich, dass die beiden Mädchen Pflegekinder des Paares sind. Die kurze Lebensgeschichte der beiden Kinder ist geprägt von Vernachlässigung und lieblosen Erfahrungen. Die leiblichen Eltern waren völlig überfordert. Ich freue mich, dass die beiden jetzt Heimat gefunden haben. Doch eine soziale Elternschaft für Kinder zu übernehmen, ist in der Regel der zweite oder sogar dritte Weg, den ein Paar geht. Denn zwei Liebende wünschen sich natürlich ein eigenes, leibliches Kind.

Im Volksmund wird oft vom „Kinderwunsch“ geredet. Doch geht es um weit mehr als nur um einen Wunsch, wie der nach einem Eigenheim oder einem neuen Auto. Den Wunsch nach einem Kind hat Gott der Schöpfer tief im Menschen verankert. Es ist einer der existenziellsten Wünsche und Sehnsüchte, die ein Mann und eine Frau haben. Bereits am Anfang der Bibel, in 1. Mose 1-2, wird dies deutlich. Gott sagt den Menschen: „Seid fruchtbar und mehret euch.“ Sicher bekommen die Tiere denselben Auftrag. Aber der Mensch gilt als „Krone“ der Schöpfung. Nur er kann sein Leben gestalten; nur er wird beauftragt, die Erde zu bebauen und zu bewahren. Es geht also beim Menschen nicht nur um „Arterhaltung“, sondern um liebende Vereinigung, aus der neues Leben entstehen soll.

Was also tun, wenn der Kinder*segen* (Ps. 127,3: „Siehe, Kinder sind eine Gabe des Herrn …“) ausbleibt? Nicht erfüllter Kinderwunsch führt zu großem Leid und tiefer Trauer. Im Bericht von Hannah wird dies eindrücklich geschildert (1. Sam. 1).

Schon zur Zeit des Alten Testaments gab es Versuche, ein Kind zu bekommen, auch wenn dies auf natürlichem Wege nicht möglich war. Sarai gibt ihrem Mann Abram einfach ihre Magd zur Nebenfrau, um ein Kind zu zeugen. Dies führte allerdings bei keinem der drei Beteiligten wirklich zur Erfüllung (1. Mose 16, 2-6). Es ist sicher kein gangbarer Weg zum „Kinderglück“. Die Behandlung beim Reproduktionsmediziner, die heute so einfach scheint wie nie zuvor, ist aus Sicht der christlichen Ethik ebenfalls äußerst problematisch.[31] Wie ist es also mit Pflegekindschaft und Adoption?

[31] Vgl. hierzu mein Buch: „Der (geplatzte) Traum vom Kind“. Darin betrachte ich diese medizinische Fachrichtung sehr umfassend. Informationen dazu finden Sie unter www.michael-schwantge.de.

Ein Kind zur Adoption freizugeben oder Pflegeeltern zu suchen, sind Notlösungen. Das heißt, sie entstehen aus der Not heraus. Jedes Kind hat das Recht, in einer behüteten Familie liebevoll und bedingungslos angenommen zu sein und fröhlich erwachsen zu werden. Doch dies ist nicht immer möglich.

Manche Eltern sind mit den Aufgaben, die das „Elternsein" mit sich bringt, überfordert. Auch eine Schwangerschaft, die durch Vergewaltigung eintrat, kann zur Entscheidung führen, das Kind in andere Hände zu geben. Oder eine Mutter kann wirtschaftlich und sozial nicht weiter in der Lage sein, für ihr Kind zu sorgen, wenn es vor oder kurz nach der Geburt zur Trennung vom Partner kommt.

Die Gründe, ein Kind zur Adoption freizugeben oder den Erziehungsauftrag Pflegeeltern zu übergeben, sind vielfältig und eine Wertung meist schwierig. Wenn man jedoch die Alternativen für diese „Notlösung" in Betracht zieht, nämlich Kindesverwahrlosung oder -misshandlung, vor- oder nachgeburtliche Kindstötung, wird klar: Pflegeelternschaft und Adoption können verantwortbare Maßnahmen sein, um das Kindeswohl und das Recht auf Leben nicht zu gefährden.

Jesus Christus wurde von seinen Jüngern gefragt, wer der Größte in seinem Reich sein wird. Der Sohn Gottes stellte ein Kind vor die Männer und sagte ihnen, sie müssten wie Kinder werden, was unter Anderem bedeutet: eine vertrauensvolle Abhängigkeit des Kindes zu seinen Eltern in allen Lebensbereichen. Dieses Vertrauen soll auch zwischen den Jüngern und Gott, der ihr himmlischer Vater ist, bestehen. Dann sagt Jesus einen entscheidenden Satz: „Wer ein solches Kind aufnimmt in meinem Namen, der nimmt mich auf." (Mt. 18,5)

Beides, die Übernahme der Pflegeelternschaft sowie die Adoption eines Kindes, sind Beispiele, wie die Aufforderung von Jesus Christus gelebt werden kann. Sicher gibt es in beiden Bereichen Aspekte, die unbedingt zu beachten und manches Mal auch kritisch zu prüfen sind. Aber die christliche Ethik sagt, nicht zuletzt aufgrund dieser klaren Aussage des Gottessohnes, ein ausdrückliches Ja zur Pflegekindschaft und Adoption.

Ich möchte mein Augenmerk auf einen kleinen, aber wichtigen Satzteil dieser Aussage von Jesus richten: *„Wer ein solches Kind aufnimmt in meinem Namen... "* (Hervorhebung vom Autor).

Die Motivation, ein Kind bei sich aufzunehmen, kann unterschiedlich sein. Soll das Kind eine angeschlagene Ehe retten und sozusagen ein „Flicken" für die Eltern sein, um die Beziehung zu retten? Geht es darum, die psychische Belastung der ungewollten Kinderlosigkeit zu minimieren, die auch den Selbstwert infragestellt?

Im Dezember 2009 fragte ein Talkmaster in einer Sendung einen Schauspieler, ob dieser sich nicht auch Kinder wünsche. Sinngemäß antwortete der Mann nur, dass er es sich schön vorstelle, von Kindern Liebe und Dankbarkeit zu erhalten. Sicher darf diese spontane Aussage nicht überbewertet werden, aber auch „Selbstsucht" kann ein Motiv sein, ein Kind aufzunehmen. Für manche ist es vielleicht auch eine Frage der Selbstverwirklichung. Wenn schon alles im Leben erreicht wurde, fehlt doch nur noch ein Kind, oder?

Diese wenigen, teilweise auch plakativen Beispiele sind sehr ernst zu nehmen. Ein Paar sollte seine eigenen Beweggründe prüfen, um nicht über kurz oder lang „Schiffbruch" zu erleiden, wenn nicht eintritt, was eigentlich gewünscht wurde. Das Kindeswohl muss an erster Stelle stehen.[32] Ein Kind darf nicht dazu missbraucht werden, eine „Lücke" meines Lebens auszufüllen oder eine meiner Sehnsüchte zu befriedigen, so groß das Leid der ungewollten Kinderlosigkeit auch ist.

Zweifellos stellt ein Kind eine große Bereicherung des eigenen Lebens dar. Es macht ein Paar glücklich, nur durch seine bloße Anwesenheit. Von gemeinsamen Unternehmungen mit der Familie ganz zu schweigen. Diese Großartigkeit liegt in der tiefen Verankerung des Kinderwunsches, der uns von Gott eingeprägt wurde. Aber ein Kind hat seinen Zweck in sich selbst und bekommt ihn nicht dadurch, dass es den Eltern etwas geben soll oder gibt.

Ein Handeln aus falschen Motiven stellt keine Aufnahme des Kindes „in meinem [Jesu] Namen", also im Sinn von Jesus Christus, dar. Seine Aussagen und sein Leben sind aber Maßstab für jede Tat, die als christlich bezeichnet werden will.

Jesus Christus hat jeden Menschen unvoreingenommen und bedingungslos geliebt. Das war überhaupt erst der Grund seiner Menschwer-

---

[32] Hier sei kurz auf ein aktuell diskutiertes Thema hingewiesen: Das allgemeine Adoptionsrecht für homosexuell lebende Paare. Sowohl die ehemalige Bundesjustizministerin, Brigitte Zypries (SPD), als auch die amtierende, Sabine Leutheusser-Schnarrenberger (FDP), setzen sich dafür ein. Frau Zypries stellte im Sommer 2009 eine von ihr in Auftrag gegebene Studie vor: „Die Lebenssituation von Kindern in gleichgeschlechtlichen Lebenspartnerschaften" (Hg.: Rupp, Marina, Köln 2009). Danach soll das Kindeswohl bei einem homosexuell lebenden Paar ebenso gut gewährleistet sein wie in einer Familie mit Mutter und Vater. Die Leiterin des Deutschen Instituts für Jugend und Gesellschaft, Dr. Christl R. Vonholdt, stellte gravierende methodische Mängel der Studie fest. Sie zieht den Schluss: „Die vorliegende Studie sei, so Frau Zypries, `ein wichtiger Baustein auf dem Weg zur vollen gesellschaftlichen und rechtlichen Anerkennung homosexueller Paare'. Genau diesen Eindruck wird man beim Lesen der Studie nicht los: dass es eben doch um die gesellschaftliche Anerkennung homosexueller Lebensweisen geht und nicht um das Wohl des Kindes." (Dieselbe: Das Kindeswohl nicht im Blick, in: Nachrichten aus dem Deutschen Institut für Jugend und Gesellschaft (Sonderdruck), Reichelsheim 2009, 4). Nachfolgend nennt sie zehn fundiert argumentierte Gründe gegen ein Adoptionsrecht für homosexuell lebende Paare (Dieselbe: Das Recht des Kindes auf Vater und Mutter, a. a. O., 6). Unter http://www.dijg.de/adopt_kindeswohl_nicht_im_blick.html kann der Sonderdruck heruntergeladen werden (Stand: 08. 07. 2010).

dung. Liebe ist bereit, Opfer zu bringen und fordert nicht. Das hat Jesus gelebt. Seine Liebe gipfelte in seinem stellvertretenden Tod am Kreuz für unsere Schuld. So wird uns Leben in Beziehung mit Gott ermöglicht. Jesus hat Liebe verschenkt. Er hat sich verschenkt. So soll auch unser Leben von Nächstenliebe und nicht von Eigenliebe geprägt sein.

Es ist charakteristisch für die Liebe, sich vermehren zu wollen. Sie will weitergegeben werden. Dies stellt eine wahrhaft christliche Motivation dar, ein Kind bei sich aufzunehmen. Dem Kind soll die Liebe zuteilwerden, die den leiblichen Kindern zugedacht war. Ihm soll eine vorbehaltlose Annahme und Geborgenheit in einer Familie geschenkt werden. Liebe, die es, aus welchen Gründen auch immer, von seinen Eltern nicht bekommen hat. Hierzu gehören auch das Geschenk und die Aufgabe, ein Kind im Glauben zu erziehen, was in 1. Timotheus 2,15 enthalten ist.[33]

Ein Kind „großzuziehen" fordert von dem Ehepaar einige Opfer. Es muss Zeit und Geld aufgewendet werden, wenn eine Person mehr im Haushalt lebt. Es sind erzieherische Entscheidungen zu treffen, die nicht immer einfach sind. Bei Pflege- oder Adoptivkindern kommen weitere Herausforderungen hinzu.

Zum Beispiel muss die Nichterfüllung des Wunsches, leibliche Kinder zu haben, verarbeitet sein. Es sollte akzeptiert sein, kein „eigenes" Kind zeugen und gebären zu können. Insbesondere vor Auslandsadoptionen sollte die Vermittlungsorganisation sorgfältig überprüft werden. Hier gibt es leider auch rein kommerzielle Interessen bis hin zu Menschenhandel. Weiter besteht „nur" eine soziale Elternschaft. Bei Pflegekindern heißt das in der Regel, dass man gesetzlich dazu verpflichtet ist, den Kontakt zu den leiblichen Eltern aufrechtzuerhalten. Jedes Kind hat ein Recht darauf, seine genetischen Eltern zu kennen. Auch wenn zu diesen kein Kontakt mehr besteht, sind auch die Adoptiveltern zumindest dazu verpflichtet, ihr Kind eines Tages mit der Tatsache der Adoption zu konfrontieren und es gegebenenfalls bei der Suche nach den leiblichen Eltern zu unterstützen.

---

[33] „Sie [die Frau] wird aber selig werden dadurch, dass sie Kinder zur Welt bringt, wenn sie bleiben mit Besonnenheit im Glauben und in der Liebe und in der Heiligung." (Luther 1984) Dieser Vers kann hier nicht ausführlich erläutert werden. Er ist, zugegebenerweise, nicht ganz einfach zu verstehen. Jedoch wurde und wird er oft aus dem Kontext gelöst und sein Inhalt (dadurch) missverstanden. Nur ein kurzer Aspekt: Es geht nicht um ein „retten" im geistlichen Sinn, also dass eine Frau das ewige Leben erhält, wenn sie Kinder austrägt. Denn, man beachte den Zusammenhang, die vorher durch Paulus untersagte Aufgabe hätte ebenso wenig geistliche Rettung hervorgebracht. Vielmehr ermutigt Paulus die Frau, ihren *grundlegenden* (im wahrsten Sinn des Wortes) Auftrag auszuführen: Die eigenen Kinder im Glauben erziehen. Das Kindergebären stellt also (lediglich) die Voraussetzung für die Aufgabe dar. Sie kann aber auch an Adoptions- oder Pflegekindern wahrgenommen werden.

Es kommen gesellschaftliche und kulturelle Herausforderungen hinzu, je nach dem, aus welchem sozialen Hintergrund oder Land das Kind kommt. Das Paar sollte sich also schon im Vorfeld gründlich mit solchen Aspekten auseinandersetzen. Die Nächstenliebe wird stark herausgefordert.

Jesus sagt: *„Wer ein solches Kind aufnimmt, in meinem Namen,* ***der nimmt mich auf****"* (Hervorhebung durch den Autor). Wer einem Kind Heimat gibt, handelt im Sinne des Sohnes Gottes, folgt seinem Beispiel. Das Paar repräsentiert gleichsam Jesus auf der Erde. Denn dieser nahm die Welt aus Liebe bedingungslos an. Diese Repräsentation entspricht auch der Ebenbildlichkeit, die dem Menschen gegeben ist. Die Eltern dürfen sich sicher sein, dass Gott ihnen beistehen wird, wenn sie ihn darum bitten.

So wird der Verlust, keine leiblichen Kinder zu haben, nicht wettgemacht, aber durchaus kompensiert. Und das Paar kann Erfüllung erleben, da sich Liebe vermehrt, wenn sie verschenkt wird. So ist es auch wünschenswert, dass der Gesetzgeber verantwortbare Richtlinien aufrechterhält, aber „Hürden" (vor allem bei Adoptionen) abbaut. Jesus Christus nahm die Ausgestoßenen an, lebte eine aufopfernde Liebe, tröstete die Trauernden, half den Hilflosen, gab den Heimatlosen (geistliche) Heimat. Ein befreundetes Ehepaar zum Beispiel hat sich nach einem leiblichen Kind dafür entschieden, vorerst kein weiteres zu zeugen, sondern ein zweites Baby als Pflegekind bei sich aufzunehmen.

Ein Kind bei sich aufzunehmen ist also weit mehr als nur eine „Notlösung", wenn auf natürlichem Wege kein Kind geboren werden kann. Einem Kind Heimat zu geben, ihm Liebe zu schenken, kann ein konkretes Handeln der christlichen Nächstenliebe sein und entspricht dem Willen Gottes.

Michael Schwantge ist Gemeinschaftspastor im Ev. Chrischona-Gemeinschaftswerk Deutschland. Er ist verheiratet und wohnt mit seiner Familie in der Nähe von Gießen (Hessen). Sein Buch „Der (geplatzte) Traum vom Kind" beschäftigt sich aus christlich-ethischer Sicht mit der „künstlichen Befruchtung" und bietet eine hilfreiche und umfassende Orientierungshilfe. Nähere Informationen unter www.michael-schwantge.de

Dank

Staunend stehen wir vor dem Wunder, dass dieses Buch endlich gedruckt wird. Viel Zeit verging nach der ersten Idee mit intensiver Arbeit. Nach Hoffen und Bangen im Blick auf die Realisierung halten wir das Buch in den Händen und können es endlich weitergeben.

Dafür danken wir…

… Ramona Markstein, freischaffende Künstlerin, für die freundliche und ansprechende Umschlagillustration, die nicht nur Betroffene zum Nachdenken anregt.

… Elisabeth Mittelstädt, Herausgeberin der Zeitschrift LYDIA, deren Vorwort uns sehr berührt und angesprochen hat: Herzlichen Dank für die einfühlsamen wertschätzenden und ermutigenden Worte.

… den Verfassern der Fachartikel: Dr. Jörg Michel, Diplom-Biologe; Sonja Fritzsch, Fachberaterin für Natürliche Empfängnisregelung (NER); Michael Schwantge, Gemeinschaftspastor im Evangelischen Chrischona-Gemeinschaftswerk Deutschland e.V.: Danke für die kompetenten Artikel, die ein sehr wertvoller Teil des Buches sind.

… den Verfassern der 13 Geschichten: Danke für Euren Mut, die Zeit und die Kraft, die sehr persönlichen Erfahrungen mit ungewollter Kinderlosigkeit so ehrlich und authentisch für die Öffentlichkeit aufzuschreiben.

… allen, die für dieses Buchprojekt gebetet haben und im Vertrauen auf die praktische Umsetzung schon nach Buchlesungen anfragten.

… an den Lichtzeichen-Verlag und besonders Chefredakteur Thomas Schneider für alle Hilfe und Unterstützung - Ein Manuskript wird erst zum Buch, wenn es gedruckt wird.

… Und unserem großen Gott, der auch auf krummen Linien gerade schreibt und aus Erzählungen über Enttäuschung und Trauer Hoffnungsgeschichten machen kann.

Maria Roßner und Anne-Kathrin Braun

Literaturempfehlungen

Gute Hoffnung - jähes Ende
Eine erste Hilfe für Eltern, die ihr Baby verloren haben und alle, die sie unterstützen wollen
VELKD, 9. Auflage 2009
für 1,-€ zu bestellen unter www.velkd.de/bestellformular_publikationen.php.

Vicky Love: Das leere Nest
Kinderlosigkeit - das Ende vom Glück?
ISBN 3856662592- derzeit nur antiquarisch erhältlich

Mary Mealyea: Wir hätten so gern ein Kind - Möglichkeiten, Grenzen und seelische Konflikte
Erfahrungen einer jungen Ärztin
ISBN 3-7655-2444-1, vermutlich nur noch antiquarisch

Prof. Dr. med. Josef Rötzer: „Natürliche Empfängnisregelung“
Die sympto-thermale Methode - der partnerschaftliche Weg
32. (41.) neubearbeitete Auflage 2008
ISBN 978-3451239830

Birgit & Dr. Wolfgang Schilling: Kinderlos - ein Ehepaar berichtet über Wege aus der Hoffnungslosigkeit
ISBN 3-89437-425-X , vermutlich nur noch antiquarisch

Michael Schwantge: Der (geplatzte) Traum vom Kind
Die „künstliche Befruchtung“ aus der Sicht christlicher Ethik
ISBN 978-3-86716-063-6

Jerry Sittser: Wenn Gott dein Gebet nicht erhört
1. Auflage 2005
ISBN 978-3775142106
nicht mehr im Buchhandel bestellbar, vermutlich nur noch antiquarisch

Martin Spiewak: Wie weit gehen wir für ein Kind?
Im Labyrinth der Fortpflanzungsmedizin, 1. Auflage 2005
ISBN 978-3821856285